Die Erfindung des Vampirs

Blut, Nacht und Ewigkeit

Eine Betrachtung

von

Lutz Spilker

DIE ERFINDUNG DES VAMPIRS – BLUT, NACHT UND EWIGKEIT

Bibliografische Information der Deutschen Nationalbibliothek:
Die Deutsche Nationalbibliothek verzeichnet diese Publikation in der Deutschen Nationalbiblio-
grafie; detaillierte bibliografische Daten sind im Internet über http://dnb.dnb.de abrufbar.

Softcover ISBN: 978-3-384-23900-6
Ebook ISBN: 978-3-384-23901-3

Druck und Distribution im Auftrag des Autors:
tredition GmbH, An der Strusbek 10, 22926 Ahrensburg, Germany

Die im Buch verwendeten Grafiken entsprechen den
Nutzungsbestimmungen der Creative-Commons-Lizenzen (CC).

Inhalt

»Verdammte Scheiße, ihr verwichsten Vampire,
ich werde jeden Einzelnen von euch gottlosen,
verfickten Scheißkerlen töten!«

George Clooney

George Timothy Clooney (* 6. Mai 1961 in Lexington, Kentucky) ist ein US-
amerikanischer Schauspieler, Drehbuchautor, Filmproduzent und Regisseur.

Vorwort

Seit Jahrhunderten haben Vampire die menschliche Vorstellungskraft beflügelt. Von den schaurigen Mythen osteuropäischer Dörfer bis zu den glitzernden, romantisierten Wesen der modernen Popkultur – der Vampir hat unzählige Formen angenommen und bleibt doch stets ein Symbol des Unheimlichen, des Verbotenen und des Ewigen. Dieses Buch, ›Die Erfindung des Vampirs‹, unternimmt den Versuch, die Entstehung und Entwicklung dieses faszinierenden Mythos zu beleuchten und seine tief verwurzelten kulturellen und psychologischen Bedeutungen zu entschlüsseln.

Der Vampir als Figur ist ein Spiegelbild menschlicher Ängste, Hoffnungen und Wünsche. Seine Gestalt wandelt sich mit den Zeiten und spiegelt dabei die gesellschaftlichen Veränderungen und die psychologischen Bedürfnisse der Menschen wider. Doch wo liegen die Ursprünge dieser furchterregenden Kreatur, und wie hat sie es geschafft, sich über Jahrhunderte hinweg in unserer Kultur zu behaupten?

Die Reise beginnt in den antiken Kulturen, wo bereits erste Vorstellungen von untoten Wesen existierten, die das Leben der Lebenden bedrohten. Diese frühen Vorstellungen prägten die Mythen und Legenden vieler Völker und schufen eine Basis für den späteren Vampirglauben. Besonders in Osteuropa, wo der Glaube an die Wiedergänger tief in der Volkskultur verankert war, fanden sich viele Elemente wieder, die später den klassischen Vampirmythos formen sollten.

Mit dem Übergang ins Mittelalter und die frühe Neuzeit veränderten sich die Vorstellungen vom Vampir. Berichte über vermeintliche Vampirangriffe verbreiteten sich, und die Angst vor diesen Kreaturen führte zu drastischen Maßnahmen bei Bestattungsritualen. Menschen pfählten Leichen, verbrannten sie oder beerdigten sie mit schweren Steinen, um sicherzustellen, dass die Toten nicht zurückkehren konnten. Diese Praktiken und die damit verbundenen Ängste geben uns Einblicke in die gesellschaftlichen und psychologischen Dynamiken jener Zeit.

Ein entscheidender Wendepunkt in der Geschichte des Vampirs war das 19. Jahrhundert, als der Vampir durch die Literatur eine neue Form annahm. Werke wie John Polidoris ›The Vampyre‹ und Bram Stokers ›Dracula‹ prägten das Bild des Vampirs nachhaltig und machten ihn zu einer ikonischen Figur der Horrorliteratur. Diese literarischen Darstellungen spiegelten nicht nur die Ängste und Faszinationen der damaligen Zeit wider, sondern beeinflussten auch die zukünftige Darstellung von Vampiren in allen Medien.

Im 20. und 21. Jahrhundert erlebte der Vampir eine Renaissance in Film, Fernsehen und Popkultur. Von den klassischen Horrorfilmen der 1930er Jahre bis zu modernen Interpretationen wie ›Twilight‹ und ›True Blood‹ hat sich die Darstellung des Vampirs stets weiterentwickelt und neue Facetten angenommen. Diese modernen Interpretationen reflektieren oft zeitgenössische Themen wie Sexualität, Identität und gesellschaftliche Außenseitertum.

›Die Erfindung des Vampirs‹ soll nicht nur eine historische Reise sein, sondern auch eine kulturelle und psychologische Untersuchung. Warum übt der Vampir eine so starke Faszination auf uns aus? Welche tiefen Ängste und Wünsche spiegelt er wider? Und wie hat sich seine Darstellung im Laufe der Zeit verändert und angepasst? Durch eine interdisziplinäre Herangehensweise, die Literaturwissenschaft, Geschichte, Psychologie und Kulturstudien miteinander verknüpft, möchte dieses Buch Antworten auf diese Fragen liefern.

Ich lade Sie ein, sich auf diese Reise zu begeben und die vielschichtige Welt des Vampirs zu erkunden. Entdecken Sie die Ursprünge, verfolgen Sie seine Entwicklung und erfahren Sie, warum der Vampir ein so kraftvolles und langlebiges Symbol in unserer Kultur geblieben ist. Möge dieses Buch Ihnen neue Einsichten und ein tieferes Verständnis für die faszinierende Erfindung des Vampirs bieten.

Mit Spannung und Vorfreude,

Lutz Spilker

Die Faszination des Vampirs - Einführung in das Thema und Überblick über den Inhalt des Buches

Seit Jahrhunderten hat der Vampir die menschliche Fantasie beflügelt und seine furchteinflößende, doch gleichzeitig faszinierende Gestalt durch verschiedene Epochen und Kulturen getragen. Der Vampir, ein Wesen, das sich von Blut ernährt und zwischen Leben und Tod schwebt, repräsentiert nicht nur das Unheimliche und Unbekannte, sondern auch unsere tiefsten Ängste und verborgensten Wünsche. In diesem Kapitel möchten wir Ihnen einen ersten Einblick in die Faszination des Vampirs geben und einen Überblick über die Themen und Inhalte dieses Buches bieten.

Die Ursprünge des Vampirglaubens lassen sich bis in die Antike zurückverfolgen, wo vampirähnliche Kreaturen in verschiedenen Kulturen auftauchten. Im alten Ägypten, Griechenland und Rom gibt es Geschichten von Dämonen und Geistern, die sich von menschlichem Blut ernährten. Diese frühen Vorstellungen legten den Grundstein für die späteren Vampirlegenden, die sich im mittelalterlichen Europa verbreiteten. Im Laufe der Jahrhunderte entwickelten sich vielfältige und oft lokal gefärbte Legenden, die in der Volkskultur tief verwurzelt sind.

Ein zentraler Aspekt dieses Buches ist die Untersuchung der Bestattungsrituale und Schutzmaßnahmen, die Menschen im Mittelalter und in der frühen Neuzeit ergriffen, um sich vor den vermeintlichen Angriffen der Untoten zu schützen. Diese Praktiken, wie das Pfählen, Verbrennen oder das Beerdigen von Leichen mit schweren Steinen, bieten wertvolle Einblicke in die sozialen und psychologischen Ängste der Menschen jener Zeit.

Ein entscheidender Wendepunkt in der Geschichte des Vampirs war das 19. Jahrhundert, als die Figur des Vampirs durch die Literatur eine neue Dimension erhielt. Der Vampir wurde zum Protagonisten literarischer Werke, die die Ängste und Faszinationen der damaligen Gesellschaft reflektierten. John Polidoris ›The Vampyre‹ und Bram Stokers ›Dracula‹ sind nur zwei Beispiele für Werke, die den Vampirmythos prägten und ihn fest in der Horrorliteratur verankerten. Diese Werke sind nicht nur literarische Meilensteine, sondern auch Spiegelbilder ihrer Zeit und ihrer kulturellen Kontexte.

Im 20. und 21. Jahrhundert erlebte der Vampir eine Renaissance in Film, Fernsehen und Popkultur. Vom klassischen Horrorfilm ›Nosferatu‹ bis hin zu modernen Serien wie ›Buffy – Im Bann der Dämonen‹ und ›True Blood‹ hat sich die Darstellung des Vampirs ständig weiterentwickelt und dabei neue Facetten angenommen. Diese modernen Interpretationen des Vampirs reflektieren oft zeitgenössische Themen wie Sexualität, Identität und gesellschaftliche Außenseitertum, und sie zeigen, wie anpassungsfähig und langlebig der Vampirmythos ist.

Dieses Buch wird sich nicht nur auf die historische Entwicklung und die literarischen Darstellungen des Vampirs konzentrieren, sondern auch auf die kulturelle und psychologische Bedeutung dieses faszinierenden Wesens. Warum übt der Vampir eine so starke Faszination auf uns aus? Welche tiefen Ängste und Wünsche spiegelt er wider? Diese Fragen werden wir durch eine interdisziplinäre Herangehensweise untersuchen, die Literaturwissenschaft, Geschichte, Psychologie und Kulturstudien miteinander verknüpft.

Besondere Aufmerksamkeit wird auch der modernen wissenschaftlichen Betrachtung des Vampirmythos gewidmet. Medizinische und psychologische Erklärungsansätze, die versuchen, das Phänomen des Vampirismus zu verstehen, werden ebenfalls behandelt. So werden wir etwa die Rolle von Krankheiten wie der Porphyrie, die einst als wissenschaftliche Erklärung für den Vampirismus vorgeschlagen wurde, und psychologische Phänomene wie die Renfield-Syndrom (eine zwanghafte Neigung, Blut zu trinken), beleuchten.

Zum Abschluss werfen wir einen Blick in die Zukunft und überlegen, wie sich der Vampirmythos weiterentwickeln könnte. Welche neuen Interpretationen und Darstellungen könnten entstehen? Welche Rolle wird der Vampir in der digitalen und vernetzten Welt spielen?

›Die Erfindung des Vampirs‹ soll nicht nur eine historische und kulturelle Untersuchung sein, sondern auch eine Einladung, sich mit einem der faszinierendsten und vielschichtigsten Mythen unserer Zeit auseinanderzusetzen. Wir laden Sie ein, sich auf diese spannende Reise zu begeben und die zahlreichen Facetten des Vampirs zu entdecken. Möge dieses Buch Ihnen neue Einsichten und ein tieferes Verständnis für die Faszination des Vampirs bieten.

Ursprünge des Vampirglaubens - Frühe Vorstellungen von untoten Wesen in verschiedenen Kulturen

Der Glaube an untote Wesen, die sich vom Blut der Lebenden nähren, ist tief in den Mythen und Legenden vieler Kulturen verwurzelt. Diese Vorstellungen reichen weit zurück in die Geschichte und finden sich in verschiedensten Formen auf der ganzen Welt. Um die Ursprünge des Vampirglaubens zu verstehen, ist es notwendig, diese frühen Vorstellungen und ihre kulturellen Kontexte zu erforschen. Sie bieten nicht nur Einblicke in die Ängste und Hoffnungen vergangener Gesellschaften, sondern auch in die Entwicklung eines Mythos, der bis heute faszinierend und vielschichtig geblieben ist.

In der antiken Welt gab es zahlreiche Geschichten von untoten Wesen, die Menschen heimsuchten. Eine der frühesten bekannten Erzählungen stammt aus dem alten Mesopotamien. Hier existierte der Glaube an die ›ekimmu‹, ruhelose Geister, die aus verschiedenen Gründen nicht ins Totenreich übergehen konnten und die Lebenden heimsuchten. Diese Wesen wurden oft als Vorboten von Krankheit und Tod betrachtet, und es wurden Rituale durchgeführt, um sie zu besänftigen und abzuwehren.

Auch im alten Ägypten finden sich Hinweise auf vampirähnliche Kreaturen. Der ägyptische Glaube an das Weiterleben nach dem Tod war stark ausgeprägt, und es gab zahlreiche Rituale und Praktiken, um den Toten eine sichere Reise ins Jenseits zu gewährleisten. Einige Geschichten berichten von Toten, die zurückkehrten, um sich an den Lebenden zu rächen, falls ihre Grabmäler entweiht oder ihre Rituale nicht korrekt durchgeführt wurden. Diese Vorstellungen sind eng mit dem Glauben an die Macht des Blutes und der Lebensenergie verbunden, die in vielen alten Kulturen als Quelle von Macht und Heilung angesehen wurde.

In der griechischen und römischen Mythologie gab es ebenfalls Geschichten von untoten Wesen, die den Lebenden Schaden zufügten. Die Griechen hatten die ›Lamia‹, eine dämonische Gestalt, die sich von Kindern ernährte, und die ›Empusa‹, ein Geisterwesen, das das Blut junger Männer trank. In der römischen Mythologie gibt es die ›Strix‹, eine Art Vogelwesen, das Blut saugte. Diese Figuren waren oft mit Schrecken und Tod verbunden und dienten als Mahnungen für moralisches Verhalten und die Beachtung religiöser Rituale.

Ein besonders interessanter Fall ist Indien, wo der Glaube an die ›Vetala‹ weit verbreitet war. Vetala sind Geister, die sich in toten Körpern einnisten und diese wiederbeleben, um die Lebenden zu terrorisieren. Sie tauchen in vielen Geschichten und Volksmärchen auf und sind oft mit dunklen Magien und Flüchen verbunden. Der Glaube an diese Wesen spiegelt die tiefe

Furcht vor dem Tod und dem Unbekannten wider, die in vielen Kulturen eine zentrale Rolle spielt.

Auch in China finden sich Geschichten von untoten Wesen, die den Lebenden nachstellen. Der ›Jiangshi‹ ist ein untoter Körper, der durch magische Praktiken wiederbelebt wurde und sich von der Lebenskraft der Menschen ernährt. Diese Kreaturen wurden oft in Verbindung mit daoistischen Magiern und Hexenmeistern gebracht und sind tief in der chinesischen Folklore verwurzelt. Die Geschichten über Jiangshi zeigen eine enge Verbindung zwischen Aberglauben, Religion und der Vorstellung von Leben und Tod.

In Afrika gibt es zahlreiche Legenden von vampirähnlichen Wesen, die oft mit Hexerei und Geisterbeschwörung in Verbindung stehen. Der ›Asanbosam‹ in Ghana ist ein blutsaugender Geist, der in den Bäumen lebt und sich auf seine Opfer stürzt. In anderen Regionen gibt es Geschichten von Hexern und Hexen, die das Blut der Lebenden verwenden, um ihre magischen Kräfte zu stärken. Diese Vorstellungen sind oft tief in den traditionellen Glaubenssystemen und sozialen Strukturen verankert.

Ein weiteres Beispiel findet sich in der slawischen Folklore, die eine besonders reiche Tradition von Vampirgeschichten hat. In den Legenden von Russland bis auf den Balkan gibt es zahlreiche Berichte über untote Wesen, die aus ihren Gräbern steigen, um sich am Blut der Lebenden zu laben. Diese Wesen wurden oft als ›Strigoi‹ oder ›Vampir‹ bezeichnet und waren gefürchtete Figuren, die durch spezielle Rituale abgewehrt werden mussten. Die slawische Vorstellung vom Vampir ist eine der direktesten Vorläufer des modernen Vampirglaubens und hat viele der Merkmale geprägt, die wir heute mit Vampiren verbinden.

Die Ursprünge des Vampirglaubens sind somit vielfältig und tief in den Kulturen und Glaubenssystemen der Vergangenheit verwurzelt. Sie spiegeln die universellen menschlichen Ängste vor dem Tod, dem Unbekannten und dem Verlust der Lebenskraft wider. Diese frühen Vorstellungen haben sich im Laufe der Jahrhunderte weiterentwickelt und wurden durch Literatur, Film und andere Medien immer wieder neu interpretiert und gestaltet.

In diesem Buch werden wir diese historischen Wurzeln weiterverfolgen und untersuchen, wie sich der Vampirglauben von der Antike bis zur Moderne entwickelt hat. Wir werden die verschiedenen kulturellen Einflüsse und sozialen Faktoren betrachten, die den Vampirmythos geprägt haben, und analysieren, wie diese alten Vorstellungen in der modernen Popkultur weiterleben. Die Reise durch die Geschichte des Vampirglaubens ist eine Entdeckungsreise in die tiefsten Ängste und Fantasien der Menschheit und zeigt, wie ein uralter Mythos immer wieder neu belebt und interpretiert werden kann.

Vampirähnliche Kreaturen der Antike - Beispiele aus Ägypten, Griechenland und Rom

Der Glaube an Wesen, die nach dem Tod weiterexistieren und den Lebenden schaden können, ist kein modernes Phänomen. Bereits in der Antike gab es zahlreiche Geschichten und Mythen über Kreaturen, die blutsaugende oder untote Eigenschaften besaßen. Diese frühen Darstellungen und Überlieferungen aus Ägypten, Griechenland und Rom bieten faszinierende Einblicke in die Ursprünge des Vampirglaubens und zeigen, wie tief verwurzelt diese Vorstellungen in den ältesten Kulturen der Menschheitsgeschichte sind.

Im alten Ägypten spielte die Vorstellung vom Weiterleben nach dem Tod eine zentrale Rolle in der Religion und Kultur. Die Ägypter glaubten an die Existenz der ›Ka‹, einer Art Lebensenergie, die nach dem physischen Tod weiterlebte. Um sicherzustellen, dass diese Energie nicht zu einer Bedrohung für die Lebenden wurde, wurden aufwändige Bestattungsrituale und magische Praktiken durchgeführt. Doch trotz dieser Vorkehrungen gab es Geschichten von ruhelosen Toten, die ihre Gräber verließen, um die Lebenden heimzusuchen.

Ein Beispiel für eine solche Kreatur ist die ›Maatkare‹. Diese Wesen waren Seelen, die keine Ruhe finden konnten, weil ihre Gräber entweiht oder ihre Bestattungsrituale nicht korrekt durchgeführt worden waren. Sie kehrten zurück, um ihren Zorn an den Lebenden zu rächen. Diese Vorstellungen von ruhelosen Geistern spiegeln die tief verwurzelten Ängste der Ägypter vor dem Tod und der Möglichkeit wider, dass die Toten nicht in Frieden ruhen könnten.

In der griechischen Mythologie finden sich ebenfalls zahlreiche Geschichten von untoten oder vampirähnlichen Kreaturen. Eine der bekanntesten Figuren ist die ›Lamia‹. Laut der Legende war Lamia einst eine wunderschöne Frau und die Geliebte des Gottes Zeus. Aus Eifersucht verwandelte Zeus' Frau Hera Lamia in ein schreckliches Monster, das gezwungen war, Kinder zu fressen. Im Laufe der Zeit entwickelte sich die Figur der Lamia weiter und wurde zu einem Dämon, der das Blut junger Männer trank. Die Geschichte der Lamia zeigt, wie Mythen sich verändern und an die Ängste und Moralvorstellungen der jeweiligen Zeit anpassen können.

Ein weiteres furchterregendes Wesen der griechischen Mythologie ist die ›Empusa‹. Empusen waren dämonische Wesen, die die Gestalt schöner Frauen annehmen konnten, um junge Männer zu verführen und deren Blut zu trinken. Sie wurden oft als Gehilfinnen der Göttin Hekate dargestellt, die selbst mit Magie und dem Totenreich in Verbindung stand. Diese Geschichten reflektieren die tief verwurzelte Angst vor weiblicher

Sexualität und Verführungskraft, die als bedrohlich und gefährlich dargestellt wurde.

In der römischen Mythologie gibt es die ›Strix‹, ein blutsaugendes Vogelwesen. Die Strix war ein unheilbringender Vogel, der nachts sein Unwesen trieb und das Blut von Kindern trank. Diese Kreatur taucht in zahlreichen römischen Erzählungen und Schriften auf und wurde oft als Vorbote von Tod und Krankheit angesehen. Die Geschichten über die Strix zeigen, wie tief verwurzelt der Glaube an blutsaugende Wesen in der römischen Kultur war und wie diese Vorstellungen genutzt wurden, um unerklärliche Ereignisse wie plötzliche Krankheiten oder den Tod von Kindern zu erklären.

Eine besonders interessante Figur in der römischen Folklore ist der ›Lemur‹. Lemuren waren ruhelose Geister, die nicht ins Jenseits übergehen konnten und daher die Lebenden heimsuchten. Der Glaube an diese Geister war so stark, dass die Römer spezielle Rituale, die Lemuria, abhielten, um die ruhelosen Toten zu besänftigen und sie daran zu hindern, Schaden anzurichten. Diese Rituale zeugen von der tiefen Angst vor den Toten und dem Glauben, dass sie auch nach dem Tod Macht über die Lebenden haben könnten.

Die antiken Vorstellungen von vampirähnlichen Kreaturen sind vielfältig und reich an Symbolik. Sie reflektieren nicht nur die Ängste und Hoffnungen der Menschen in Bezug auf Tod und das Jenseits, sondern auch die sozialen und moralischen Werte ihrer Zeit. Die Geschichten von Lamia, Empusa, Strix und anderen blutsaugenden Wesen zeigen, wie der Glaube an das Unheimliche und Übernatürliche genutzt wurde, um gesellschaftliche Normen und Ängste zu verarbeiten.

In diesem Buch werden wir die Entwicklung dieser antiken Vorstellungen weiterverfolgen und untersuchen, wie sie in den späteren Vampirlegenden und -mythen weiterlebten. Die Ursprünge des Vampirglaubens in Ägypten, Griechenland und Rom sind ein faszinierender Ausgangspunkt für unsere Reise durch die Geschichte des Vampirs und bieten wertvolle Einblicke in die tief verwurzelten menschlichen Ängste und Fantasien, die diesen Mythos bis heute lebendig halten.

Die Wiedergänger des Mittelalters - Mittelalterliche Legenden und Praktiken in Europa

Das Mittelalter in Europa war eine Zeit des tiefen Aberglaubens und der intensiven Furcht vor dem Übernatürlichen. Unter diesen Ängsten nahm der Glaube an Wiedergänger – Tote, die aus ihren Gräbern zurückkehrten, um die Lebenden zu heimsuchen – einen zentralen Platz ein. Diese Legenden und die damit verbundenen Praktiken reflektieren nicht nur die kulturellen und sozialen Bedingungen des Mittelalters, sondern auch die tief verwurzelten Ängste der Menschen vor Tod und Verderben.

In den dunklen Wäldern und abgelegenen Dörfern Europas erzählten sich die Menschen schaurige Geschichten von Wiedergängern. Diese Wesen, oft als ›Revenants‹ bezeichnet, kehrten aus dem Grab zurück, um die Lebenden zu quälen, Krankheiten zu verbreiten oder sogar Blut zu trinken. Die Legenden variierten von Region zu Region, aber der Kern der Erzählungen war überall derselbe: die Angst vor den Toten, die nicht ruhen konnten.

Ein bekanntes Beispiel ist die slawische Legende des ›Strigoi‹. Diese Kreaturen waren Tote, die aus ihren Gräbern auferstanden und die Lebenden heimsuchten. Sie wurden oft als schattenhafte Gestalten beschrieben, die nachts auf der Suche nach Blut umherstreiften. Die Strigoi konnten sowohl männlich als auch weiblich sein und waren in der Lage, ihre Gestalt zu verändern, um ihre Opfer zu täuschen. Die Furcht vor den Strigoi war so groß, dass die Menschen spezielle Rituale entwickelten, um sich vor ihnen zu schützen. Dazu gehörten das Pfählen der Leichen, das Begraben der Toten mit schweren Steinen auf der Brust oder das Verstreuen von Mohnsamen, die die Strigoi dazu zwangen, jeden einzelnen Samen aufzusammeln, bevor sie weiterziehen konnten.

In Westeuropa, insbesondere in England und Frankreich, gab es ebenfalls Geschichten von Wiedergängern, die oft als ›Revenants‹ bezeichnet wurden. Diese Geister der Toten kehrten zurück, um Rache an denen zu üben, die sie im Leben verletzt hatten, oder um unerledigte Angelegenheiten zu regeln. Eine berühmte Geschichte erzählt von William of Newburgh, einem englischen Historiker des 12. Jahrhunderts, der Berichte über Wiedergänger sammelte. Er beschrieb Fälle, in denen Tote aus ihren Gräbern stiegen und die Lebenden belästigten, bis sie durch spezielle Rituale oder das Verbrennen ihrer Leichen endgültig zur Ruhe gebracht wurden.

Eine andere bekannte Legende stammt aus dem 14. Jahrhundert aus dem Dorf Melrose in Schottland. Hier soll ein Abt namens Richard von Melrose nach seinem Tod als Wiedergänger zurückgekehrt sein und das Kloster in Angst und Schrecken versetzt haben. Es wird erzählt, dass seine wiederauferstandene

Leiche nachts umherging und die Mönche terrorisierte, bis sein Körper schließlich exhumiert und verbrannt wurde, um seinem Spuk ein Ende zu bereiten.

Diese Geschichten spiegeln nicht nur die Furcht vor den Toten wider, sondern auch den Glauben an die Notwendigkeit von Ritualen und Schutzmaßnahmen. Die Menschen des Mittelalters entwickelten eine Vielzahl von Praktiken, um sich vor den Rückkehrern aus dem Grab zu schützen. Diese reichten von der Verwendung heiliger Symbole wie Kreuzen und Weihwasser bis hin zu drastischeren Maßnahmen wie dem Pfählen oder Verbrennen der Leichen. Besonders auffällig ist der Glaube an die magische Kraft bestimmter Pflanzen, wie Knoblauch und Weißdorn, die angeblich in der Lage waren, Wiedergänger fernzuhalten.

Neben diesen physischen Schutzmaßnahmen gab es auch zahlreiche magische Rituale und Gebete, die zum Schutz vor Wiedergängern durchgeführt wurden. In vielen Regionen Europas wurden spezielle Priester oder Hexenmeister zu Rate gezogen, um die Toten zu bannen und ihre Geister zur Ruhe zu bringen. Diese Praktiken zeugen von einem tiefen Glauben an die Macht des Übernatürlichen und der Notwendigkeit, sich aktiv gegen die Bedrohung durch die Toten zu wehren.

Ein weiterer interessanter Aspekt der mittelalterlichen Legenden ist die Rolle der Kirche und des christlichen Glaubens. Viele Geschichten von Wiedergängern sind eng mit religiösen Vorstellungen von Sünde und Buße verknüpft. Es wurde oft geglaubt, dass diejenigen, die im Leben schwere Sünden begangen hatten oder exkommuniziert worden waren, nach dem Tod als Wiedergänger zurückkehren könnten. Die Kirche spielte eine zentrale Rolle bei der Entwicklung und Verbreitung dieser Vorstellungen, indem sie Rituale und Gebete zur Abwehr von Wiedergängern etablierte und gleichzeitig die moralische Botschaft vermittelte, dass sündhaftes Verhalten im Leben zu einem ruhelosen Tod führen könnte.

Die mittelalterlichen Legenden und Praktiken rund um die Wiedergänger bieten einen faszinierenden Einblick in die Ängste und Überzeugungen der Menschen dieser Zeit. Sie zeigen, wie tief verwurzelt der Glaube an das Übernatürliche war und wie er das tägliche Leben und die sozialen Strukturen prägte. Diese Geschichten und Rituale waren mehr als nur Aberglaube; sie waren Ausdruck der tiefen Furcht vor dem Unbekannten und des Wunsches, das Leben und die Gemeinschaft vor den Mächten des Todes zu schützen.

In diesem Buch werden wir weiter untersuchen, wie diese mittelalterlichen Vorstellungen von Wiedergängern die späteren Entwicklungen des Vampirglaubens beeinflusst haben. Die Wiedergänger des Mittelalters sind ein wesentlicher Bestandteil der Geschichte des Vampirs und bieten wertvolle Einblicke in die kulturellen und sozialen Wurzeln eines Mythos, der bis heute lebendig geblieben ist. Die Legenden und Praktiken dieser Zeit sind nicht nur ein Spiegel der damaligen Ängste und Hoffnungen, sondern auch ein Schlüssel zum Verständnis der anhaltenden Faszination, die der Vampir auf die menschliche Vorstellungskraft ausübt.

Vampirische Wesen in der Volkskultur Osteuropas - Strigoi, Nosferatu und andere lokale Legenden

Osteuropa, mit seinen dichten Wäldern, abgelegenen Dörfern und jahrhundertealten Traditionen, ist ein fruchtbarer Boden für Legenden und Mythen. Unter diesen Erzählungen nehmen die Geschichten von vampirischen Wesen eine besonders bedeutende Rolle ein. Die Strigoi, Nosferatu und andere lokale Legenden spiegeln nicht nur die Ängste und Überzeugungen der Menschen wider, sondern haben auch den modernen Vampirmythos entscheidend geprägt.

Beginnen wir mit den Strigoi, einer der bekanntesten Gestalten des osteuropäischen Volksglaubens. Diese Wesen entstammen der rumänischen Folklore und werden oft als ruhelose Geister beschrieben, die sowohl Lebenden als auch Toten entstammen können. Es gibt zwei Hauptarten von Strigoi: die lebenden Strigoi, die im Leben besondere magische Fähigkeiten besitzen, und die toten Strigoi, die nach ihrem Tod aus den Gräbern auferstehen, um die Lebenden zu plagen. Diese Untoten sind gefürchtet wegen ihrer Fähigkeit, Krankheiten zu verbreiten und Blut zu trinken. Die Vorstellung, dass die Strigoi das Blut ihrer Opfer saugen, verbindet sie eng mit dem modernen Bild des Vampirs.

In der rumänischen Tradition gibt es zahlreiche Rituale und Maßnahmen, um sich vor den Strigoi zu schützen. Oft wurden spezielle Bestattungspraktiken angewandt, um sicherzustellen, dass die Toten nicht zurückkehren konnten. Dazu gehörten das Pfählen der Leiche, das Platzieren von Knoblauch in den Sarg oder das Begraben der Toten mit schweren Steinen auf der Brust. Diese Maßnahmen spiegeln die tiefe Furcht der Menschen vor der Rückkehr der Toten und die Überzeugung, dass bestimmte Rituale notwendig waren, um diese Bedrohung abzuwenden.

Eine weitere faszinierende Gestalt ist der Nosferatu. Der Begriff ›Nosferatu‹ wurde im Westen vor allem durch den gleichnamigen Stummfilm von 1922 bekannt, der auf Bram Stokers ›Dracula‹ basiert. Doch die Ursprünge des Nosferatu liegen tiefer in den Legenden und Mythen Osteuropas. Der Name selbst ist umstritten und könnte von dem rumänischen Wort ›nesuferit‹ abgeleitet sein, was so viel wie ›unerträglich‹ oder ›schrecklich‹ bedeutet. Nosferatu wird oft als besonders mächtiger und bösartiger Vampir beschrieben, dessen Existenz ein Fluch ist, der ganze Familien über Generationen hinweg heimsuchen kann.

Nosferatu wird in den Legenden oft als eine Art Dämon dargestellt, der durch Bisse neue Vampire erschaffen kann. Diese Vorstellung von der Verbreitung des Vampirismus durch Bisse hat sich tief in den modernen Vampir-Mythos eingebrannt. Nosferatu ist nicht nur ein Symbol des Bösen, sondern auch ein Sinnbild für ansteckende Krankheiten, die im Mittelalter und der frühen Neuzeit große Angst und Schrecken verbreiteten.

Neben Strigoi und Nosferatu gibt es in der osteuropäischen Volkskultur zahlreiche andere vampirische Wesen. In Polen und der Ukraine ist der ›Upir‹ eine gefürchtete Gestalt. Upiry sind Untote, die sich von menschlichem Blut ernähren und die Lebenden heimsuchen. Sie wurden oft mit Hexerei und dunkler Magie in Verbindung gebracht, und es gab viele Rituale zur Abwehr dieser Wesen, ähnlich wie bei den Strigoi.

In Serbien und Kroatien finden sich Geschichten über den ›Vampir‹, ein Begriff, der letztlich die westliche Vorstellung des Vampirs stark geprägt hat. Diese Wesen wurden als ruhelose Tote beschrieben, die ihre Gräber verlassen, um Blut zu trinken und Lebenskraft zu stehlen. Der Begriff ›Vampir‹ selbst hat seinen Ursprung in diesen südslawischen Legenden und wurde durch die Berichte über Vampirplagen im 18. Jahrhundert in Europa bekannt. Diese Berichte lösten eine wahre Vampirhysterie aus und führten zu zahlreichen Exhumierungen und Ritualen, um vermeintliche Vampire unschädlich zu machen.

Die Geschichten und Legenden über vampirische Wesen in Osteuropa sind nicht nur spannende Erzählungen, sondern sie reflektieren auch tiefe soziale und kulturelle Ängste. Der Vampirglaube diente oft dazu, unerklärliche Phänomene wie plötzliche Todesfälle, Krankheiten oder unerklärliche Unglücke zu erklären. In vielen Fällen wurden Außenseiter oder diejenigen, die sich von der Norm abwichen, als potenzielle Strigoi oder Vampire verdächtigt und entsprechend behandelt.

Diese Legenden haben auch eine starke moralische Komponente. Oft wurden die Geschichten genutzt, um bestimmte Verhaltensweisen zu fördern oder zu verhindern. Der Glaube, dass schlechte Taten im Leben zu einer ruhelosen Existenz nach dem Tod führen könnten, war ein mächtiges Mittel zur Aufrechterhaltung sozialer Normen und moralischen Verhaltens.

Die reichen und vielfältigen Geschichten von vampirischen Wesen in der Volkskultur Osteuropas bieten einen faszinierenden Einblick in die Ursprünge des Vampirglaubens und seine Entwicklung. Sie zeigen, wie tief verwurzelt diese Mythen in den kulturellen und sozialen Strukturen der Region sind und wie sie bis heute weiterleben. In diesem Buch werden wir die Spuren dieser Legenden weiterverfolgen und untersuchen, wie sie den modernen Vampirmythos geprägt haben und welche Rolle sie in der heutigen Popkultur spielen. Die Strigoi, Nosferatu und anderen vampirischen Wesen sind nicht nur Teil der Geschichte, sondern auch lebendige Symbole unserer kollektiven Ängste und Fantasien.

Bestattungsrituale und Schutzmaßnahmen - Historische Methoden zur Verhinderung des Vampirismus

Die Angst vor dem Vampirismus und die Vorstellung, dass die Toten zurückkehren könnten, um die Lebenden zu schädigen, haben über Jahrhunderte hinweg eine Vielzahl von Bestattungsritualen und Schutzmaßnahmen hervorgebracht. Diese Praktiken spiegeln die tief verwurzelten Ängste und den Glauben der Menschen wider, dass der Tod nicht das Ende ist, sondern dass die Gefahr von den Verstorbenen ausgehen könnte. Von Osteuropa bis Westeuropa entwickelten sich verschiedene Methoden, um die ruhelosen Toten zu besänftigen und die Lebenden zu schützen.

In den Dörfern Osteuropas, wo der Glaube an Strigoi und andere vampirische Wesen stark ausgeprägt war, wurden bei Bestattungen spezielle Vorkehrungen getroffen, um sicherzustellen, dass die Toten nicht zurückkehren konnten. Eine weit verbreitete Methode war das Pfählen der Leiche. Dabei wurde ein scharfer Holzpflock durch das Herz des Verstorbenen getrieben. Dies sollte verhindern, dass der Körper wiederbelebt wurde und als Vampir sein Unwesen trieb. Besonders im heutigen Rumänien und Bulgarien war dieses Ritual üblich und wurde oft von Dorfältesten oder speziellen ›Vampirjägern‹ durchgeführt.

Doch das Pfählen war nicht die einzige Methode. In einigen Regionen legte man den Toten Steine oder Eisenstücke auf die Brust, um sie daran zu hindern, sich aus ihren Gräbern zu erheben. Diese schweren Gegenstände sollten den Körper fest im Grab halten. Manchmal wurden auch Dornenzweige oder Netze über den Gräbern ausgebreitet, da man glaubte, dass Vampire eine zwanghafte Neigung hatten, die Dornen zu zählen oder die Knoten zu entwirren, bevor sie das Grab verlassen konnten. Diese Maßnahmen zeigen, wie sehr die Menschen in der Lage waren, alltägliche Materialien in mächtige Schutzsymbole zu verwandeln.

Eine andere häufige Praxis war das Abschneiden des Kopfes. Der abgetrennte Kopf wurde oft zwischen die Beine des Verstorbenen gelegt oder in einigen Fällen separat begraben. Dies sollte verhindern, dass der Körper als Einheit agieren konnte. In einigen Kulturen glaubte man auch, dass das Verbrennen des Herzens oder anderer Körperteile der sicherste Weg war, um einen Vampir endgültig zu vernichten. Diese drastischen Maßnahmen zeugen von der tiefen Furcht vor dem Übernatürlichen und dem starken Willen, die Gemeinschaft vor der Rückkehr der Toten zu schützen.

Auch religiöse Symbole und Rituale spielten eine bedeutende Rolle im Kampf gegen den Vampirismus. Kreuze, Weihwasser und Gebete wurden häufig verwendet, um die Toten zu segnen und zu verhindern, dass sie als Wiedergänger zurückkehrten. In vielen christlichen Gemeinschaften wurden die Toten mit Kreuzen in den Händen oder auf der Brust bestattet. Weihwasser wurde über die Leichen und Gräber gesprengt, um sie zu heiligen und die bösen Geister abzuwehren. Der Glaube an die Macht des Heiligen und die Rolle der Kirche im Schutz vor dem Bösen war tief verwurzelt und prägte viele der Rituale und Praktiken.

Besonders auffällig ist der Einsatz von Knoblauch in der Abwehr von Vampiren. In vielen Kulturen wurde Knoblauch als starkes Abwehrmittel gegen das Böse angesehen. Man hängte Knoblauchzehen an Türen und Fenster, um Vampire und andere böse Geister fernzuhalten. Bei Bestattungen legte man oft Knoblauch in den Sarg oder steckte den Leichnam damit voll. Diese Praxis geht auf die Vorstellung zurück, dass der starke Geruch von Knoblauch die Toten abschrecken würde und sie daran hinderte, zurückzukehren. Knoblauch war nicht nur ein Schutzmittel, sondern auch ein Symbol für Reinheit und Schutz.

In Mitteleuropa, besonders in der Region der heutigen Slowakei und Tschechien, gab es den Brauch, Münzen oder Lebensmittel mit in den Sarg zu legen. Diese ›Seelengaben‹ sollten den Toten auf ihrer Reise ins Jenseits unterstützen und verhindern, dass sie als ruhelose Geister zurückkehrten, um ihre Familien heimzusuchen. Diese Praxis spiegelt den Glauben wider, dass die Toten versorgt werden müssen, um ihren Frieden zu finden und nicht als Vampire zurückzukehren.

Neben physischen Maßnahmen gab es auch zahlreiche magische Rituale und Praktiken. Hexenmeister und Weise Frauen wurden oft zu Rate gezogen, um Flüche zu brechen oder Schutzzauber zu wirken. Diese Rituale konnten komplex und langwierig sein, beinhalteten aber immer Elemente des Glaubens an die Macht des Übernatürlichen und der Notwendigkeit, sich aktiv gegen die Bedrohung durch Vampire zu schützen.

Der Glaube an den Vampirismus und die damit verbundenen Schutzmaßnahmen haben tiefe kulturelle Wurzeln und sind Ausdruck der kollektiven Ängste der Menschen vor dem Tod und dem Unbekannten. Die Rituale und Praktiken, die entwickelt wurden, um sich vor Vampiren zu schützen, sind ein faszinierender Bestandteil der europäischen Folklore und Geschichte. Sie zeigen, wie die Menschen mit ihren Ängsten umgingen und welche Maßnahmen sie ergriffen, um sich vor der Bedrohung durch das Übernatürliche zu schützen.

In diesem Buch werden wir weiter erkunden, wie diese historischen Methoden zur Verhinderung des Vampirismus die moderne Vorstellung von Vampiren geprägt haben. Die Bestattungsrituale und Schutzmaßnahmen sind nicht nur ein Fenster in die Vergangenheit, sondern auch ein Schlüssel zum Verständnis der anhaltenden Faszination, die der Vampir auf die menschliche Vorstellungskraft ausübt. Sie sind ein Zeugnis für den ewigen Kampf zwischen Leben und Tod, Licht und Dunkelheit, und die menschliche Suche nach Sicherheit und Frieden in einer Welt voller Geheimnisse und Gefahren.

Der Vampir im Zeitalter der Aufklärung - Wissenschaftliche und philosophische Erklärungen des 17. und 18. Jahrhunderts

Das Zeitalter der Aufklärung, geprägt von einem neuen Verständnis von Wissenschaft und Rationalität, war eine Zeit intensiver intellektueller Auseinandersetzungen. Während dieser Epoche suchten Gelehrte und Philosophen nach rationalen Erklärungen für Phänomene, die zuvor als übernatürlich angesehen wurden. Der Vampirglaube, der tief in der europäischen Folklore verwurzelt war, wurde in diesem Licht neu betrachtet und analysiert. Die Geschichten von Vampiren boten einen faszinierenden Kontrast zu den aufstrebenden wissenschaftlichen Theorien und philosophischen Überlegungen dieser Zeit.

Im 17. und 18. Jahrhundert erreichten Berichte über Vampire aus den entlegenen Regionen Osteuropas das westliche Europa. Diese Geschichten lösten nicht nur Faszination, sondern auch Furcht und Abscheu aus. In vielen Fällen kamen Ärzte, Theologen und Philosophen zusammen, um diese Berichte zu untersuchen und zu verstehen. Eine der bekanntesten Episoden dieser Zeit war die sogenannte ›Vampirplage‹ in Serbien und Österreich, die zu einer Welle von Vampirjagden und Exhumierungen führte.

Einer der ersten, der versuchte, das Phänomen wissenschaftlich zu erklären, war der französische Gelehrte Jean-Jacques Rousseau. In seinen Schriften drückte Rousseau seine Skepsis gegenüber dem Vampirglauben aus und betonte die Notwendigkeit, die Berichte kritisch zu hinterfragen. Er argumentierte, dass viele dieser Geschichten auf Aberglauben und Fehlinformationen beruhten, und plädierte für eine vernunftbasierte Analyse. Rousseaus Ansichten spiegelten den allgemeinen Geist der Aufklärung wider, der nach natürlichen Erklärungen für vermeintlich übernatürliche Ereignisse suchte.

Gleichzeitig gab es eine Vielzahl medizinischer Theorien, die versuchten, die Erscheinungen der Vampirberichte zu erklären. Der deutsche Arzt Michael Ranft veröffentlichte 1734 ein Buch mit dem Titel ›De Masticatione Mortuorum in Tumulis‹ (Über das Kauen der Toten in ihren Gräbern), in dem er die Vorstellung von Vampiren als eine Art postmortale Aktivität erklärte. Ranft argumentierte, dass die Zersetzung des Körpers und die dabei entstehenden Geräusche sowie das Austreten von Körperflüssigkeiten zu den Berichten über bluttrinkende Tote geführt haben könnten. Seine Arbeit war ein früher Versuch, das Vampirphänomen auf eine natürliche Weise zu erklären, basierend auf den damaligen medizinischen Kenntnissen.

Ein weiterer bedeutender Beitrag zur wissenschaftlichen Betrachtung des Vampirglaubens kam von dem österreichischen

Gelehrten Gerhard van Swieten. Im Auftrag von Kaiserin Maria Theresia reiste van Swieten nach Mähren, um die dortigen Berichte über Vampire zu untersuchen. In seinem Bericht, der später veröffentlicht wurde, erklärte van Swieten, dass die meisten dieser Geschichten auf Aberglauben und mangelndem Wissen über den Verwesungsprozess beruhten. Er stellte fest, dass viele der als Vampire bezeichneten Toten lediglich Zeichen einer natürlichen Zersetzung aufwiesen, die von der Bevölkerung falsch interpretiert wurden. Van Swietens Arbeit führte zu einem offiziellen Verbot von Vampirjagden und Exhumierungen durch die österreichische Kaiserin, was zeigt, wie wissenschaftliche Erkenntnisse politische und soziale Praktiken beeinflussen konnten.

Philosophisch gesehen war das Zeitalter der Aufklärung eine Zeit, in der Rationalität und Vernunft die vorherrschenden Leitprinzipien waren. Philosophische Werke dieser Zeit reflektierten das Bestreben, alle Aspekte der menschlichen Erfahrung durch den Einsatz der Vernunft zu erklären. Der Vampirglaube wurde dabei oft als Beispiel für die Macht des Aberglaubens und die Notwendigkeit der Aufklärung der Massen verwendet. Philosophen wie Voltaire spotteten über den Vampirglauben und sahen ihn als Symbol für die Rückständigkeit und den Irrationalismus, den es zu überwinden galt. Voltaire schrieb in seinem ›Dictionnaire philosophique‹ über die Vampire und nutzte sie als Metapher für die parasitären Elemente in der Gesellschaft, die von Unwissenheit und Aberglauben genährt wurden.

Trotz dieser kritischen Stimmen blieb der Glaube an Vampire in weiten Teilen der Bevölkerung stark verwurzelt. Die Aufklärung brachte nicht nur Skeptiker hervor, sondern auch eine Reihe von Pseudowissenschaftlern, die versuchten, das Phänomen durch verschiedene spekulative Theorien zu erklären. Einige dieser Theorien nahmen eine spirituelle oder metaphysische Perspektive ein und verbanden den Vampirglauben mit tiefergehenden Fragen über Leben und Tod, Seele und Körper.

Ein bemerkenswertes Beispiel für die wissenschaftliche Auseinandersetzung mit dem Vampirglauben ist der Fall des serbischen Bauern Arnold Paole. Paole, der im frühen 18. Jahrhundert lebte, wurde nach seinem Tod als Vampir beschuldigt. Seine Exhumierung und die Untersuchungen seines Körpers wurden von medizinischen und militärischen Autoritäten dokumentiert und veröffentlicht. Diese Berichte fanden weite Verbreitung und lösten eine Welle von wissenschaftlichen und philosophischen Diskussionen aus. Der Fall Paole wurde zum Symbol für die Auseinandersetzung zwischen traditionellem Aberglauben und aufkommendem wissenschaftlichen Denken.

Das Zeitalter der Aufklärung markierte somit einen entscheidenden Wendepunkt in der Geschichte des Vampirglaubens. Es war eine Zeit, in der die traditionellen Erklärungen und Ängste vor Vampiren durch wissenschaftliche Untersuchungen und philosophische Reflexionen herausgefordert wurden. Diese Auseinandersetzungen spiegeln den breiteren intellektuellen Wandel der Epoche wider, in der die Suche nach rationalen Erklärungen und die Bekämpfung des Aberglaubens zentrale Ziele waren.

In diesem Buch werden wir weiter erkunden, wie die wissenschaftlichen und philosophischen Erklärungen des 17. und 18. Jahrhunderts nicht nur den Vampirglauben, sondern auch das moderne Verständnis von Vampiren beeinflusst haben. Die Arbeit der Aufklärer und ihrer zeitgenössischen Kritiker bietet wertvolle Einblicke in die komplexe Beziehung zwischen Aberglauben, Wissenschaft und Gesellschaft. Sie zeigt, wie tief verwurzelt die Faszination für das Übernatürliche ist und wie sie durch die Linse der Vernunft und Rationalität neu interpretiert und verstanden werden kann.

Frühe literarische Darstellungen - Von Polidoris ›The Vampyre‹ zu Byron und Goethe

Die literarische Gestalt des Vampirs, wie wir sie heute kennen, nahm im frühen 19. Jahrhundert Gestalt an, als das romantische und gotische Genre aufblühte und die düsteren, mystischen Figuren in der Literatur an Popularität gewannen. Die Entwicklung des literarischen Vampirs lässt sich besonders gut an den Werken von John Polidori, Lord Byron und Johann Wolfgang von Goethe nachvollziehen. Diese Autoren trugen maßgeblich dazu bei, das Bild des Vampirs zu formen und ihm jene Eigenschaften zu verleihen, die ihn zu einem zeitlosen und faszinierenden Wesen machen.

John Polidoris ›The Vampyre‹, veröffentlicht im Jahr 1819, wird oft als der erste moderne Vampirroman bezeichnet. Polidori war Arzt und enger Vertrauter von Lord Byron, und seine Geschichte entstand während eines legendären Aufenthalts am Genfersee, bei dem auch Mary Shelley ›Frankenstein‹ schuf. Polidoris Vampir, Lord Ruthven, ist ein aristokratischer, verführerischer und zugleich unheilvoller Charakter, der nicht nur das Blut, sondern auch die Seelen seiner Opfer verzehrt. Diese Darstellung weicht erheblich von den bäuerlichen und grotesken Gestalten der Volkslegenden ab und etabliert den Vampir als eine Figur, die sowohl Anziehungskraft als auch Schrecken ausstrahlt.

Lord Ruthven ist eine vielschichtige Figur, die den Leser fasziniert und zugleich abstößt. Polidori schuf mit ihm einen Protagonisten, der sowohl die Dekadenz der Aristokratie als auch die dunklen Seiten der menschlichen Natur verkörpert. Der Vampir wird zu einem Spiegel, der die verborgenen Sehnsüchte und Ängste der Gesellschaft reflektiert. ›The Vampyre‹ war ein großer Erfolg und legte den Grundstein für die Popularität des Vampirmotivs in der Literatur.

Lord Byron, dessen Einfluss auf Polidori und die Entstehung von ›The Vampyre‹ nicht zu leugnen ist, trug selbst zur Mythologie des literarischen Vampirs bei. Obwohl Byron keinen eigenen Vampirroman schrieb, verkörpert seine Dichtung und seine Persona viele Elemente, die später mit dem Vampir verbunden wurden. Byrons dunkle, melancholische Heldenfiguren, die oft von einem tragischen Schicksal verfolgt werden, prägen das Bild des romantischen Vampirs. Seine Werke wie ›Der Giaour‹ (1813) und ›Manfred‹ (1817) erforschen die Themen Schuld, Verführung und die Verlockungen des Übernatürlichen, die den Grundstein für die spätere Vampirliteratur legen.

In ›Der Giaour‹ findet sich eine explizite Bezugnahme auf Vampire, als der verfluchte Held, nach seinem Tod als Dämon zurückzukehren. Dieser Fluch, der aus Liebe und Leidenschaft erwächst, spiegelt die duale Natur des Vampirs wider, der sowohl Liebhaber als auch Verderber ist. Byrons Einfluss auf die

Vampirliteratur ist tiefgreifend, und seine romantischen, dunklen Helden wurden zum Archetypus für viele nachfolgende Vampircharaktere.

Johann Wolfgang von Goethe, einer der bedeutendsten Dichter der deutschen Literatur, beschäftigte sich ebenfalls mit dem Vampirmotiv. In seinem Gedicht ›Die Braut von Korinth‹ (1797) erzählt Goethe die Geschichte einer jungen Frau, die als Wiedergängerin zurückkehrt, um ihren Geliebten aufzusuchen. Diese düstere Ballade, die in der antiken Stadt Korinth spielt, verbindet die klassischen Elemente der griechischen Mythologie mit den unheimlichen Aspekten des Vampirglaubens.

Goethes Wiedergängerin ist eine tragische Figur, die zwischen Leben und Tod gefangen ist. Sie sehnt sich nach Liebe und Erlösung, doch ihr Schicksal ist unausweichlich mit Tod und Verfall verbunden. ›Die Braut von Korinth‹ zeigt, wie tief verwurzelt der Vampirismus in der europäischen Kultur ist und wie er als Metapher für die unausweichlichen menschlichen Ängste vor Tod und Verlust dient. Goethe's Werk inspiriert nicht nur deutsche Dichter, sondern auch eine breite literarische Tradition, die das Vampirmotiv weiterentwickelt und verfeinert.

Die Werke von Polidori, Byron und Goethe markieren den Übergang des Vampirs von einer Gestalt des Volksglaubens zu einem komplexen literarischen Charakter. Diese Autoren nutzten den Vampir, um die tiefen Ängste und Sehnsüchte ihrer Zeit zu erkunden. Sie verbanden Elemente des Horrors mit philosophischen und romantischen Themen, was dem Vampir eine neue Dimension verlieh und ihn zu einer bleibenden Figur der westlichen Literatur machte.

Während Polidori den literarischen Vampir als verführerischen, aber tödlichen Aristokraten etablierte, bauten Byron und Goethe auf dieser Grundlage auf und erweiterten die Symbolik und Tiefe des Vampirmotivs. Der Vampir wurde zu einer Figur, die nicht nur Schrecken verbreitete, sondern auch tiefe emotionale und psychologische Konflikte verkörperte. Diese frühen literarischen Darstellungen legten den Grundstein für die vielfältigen Interpretationen und Entwicklungen, die das Vampirmotiv in der Literatur bis heute durchgemacht hat.

Im nächsten Kapitel werden wir die Entwicklung des Vampirs in der Literatur weiterverfolgen und sehen, wie diese frühen Darstellungen den Weg für die großen Vampirromane des 19. Jahrhunderts bereitet haben. Von Bram Stokers ›Dracula‹ bis hin zu den modernen Interpretationen des Vampirmotivs zeigt sich, wie die literarische Figur des Vampirs ständig neu erfunden und an die Bedürfnisse und Ängste jeder Generation angepasst wurde.

Bram Stokers Dracula: Die Geburt einer Ikone - Analyse und Einfluss des Romans auf den Vampirmythos

Als Bram Stokers Roman ›Dracula‹ im Jahr 1897 veröffentlicht wurde, konnte niemand ahnen, dass dieses Werk die Definition des Vampirs für kommende Generationen prägen würde. ›Dracula‹ ist nicht nur ein literarisches Meisterwerk des Schauerromans, sondern auch ein kulturelles Phänomen, das den Vampir in das kollektive Bewusstsein der modernen Welt eingebrannt hat. Stokers Roman ist eine sorgfältig konstruierte Mischung aus gotischer Horror, viktorianischen Ängsten und einer tiefen Erkundung der dunklen Seiten der menschlichen Natur.

Der historische Kontext

Um den Einfluss von ›Dracula‹ zu verstehen, muss man den historischen Kontext betrachten, in dem der Roman entstand. Das späte 19. Jahrhundert war eine Zeit des Umbruchs und der Unsicherheit. Die industrielle Revolution hatte die sozialen und ökonomischen Strukturen Europas tiefgreifend verändert, und die wissenschaftlichen Fortschritte stellten viele traditionelle Überzeugungen in Frage. Diese Ära der Veränderung brachte sowohl Fortschritt als auch Angst vor dem Unbekannten mit sich, was sich deutlich in der Literatur dieser Zeit widerspiegelt.

In ›Dracula‹ verarbeitet Stoker diese Ängste und Unsicherheiten meisterhaft. Der Roman thematisiert unter anderem die Angst vor dem Fremden und dem Anderen, eine Angst, die im aufkommenden Nationalismus und Kolonialismus des 19. Jahrhunderts verwurzelt war. Graf Dracula, der aus dem abgelegenen Transsilvanien nach England kommt, verkörpert diese Bedrohung des Fremden, das in die geordnete und zivilisierte Welt der Viktorianer eindringt.

Die Charaktere und ihre Symbolik

Stokers Charaktere sind sorgfältig gestaltet, um die verschiedenen Facetten des Vampirmythos zu beleuchten. Graf Dracula selbst ist die personifizierte Verkörperung des Bösen, ein aristokratischer, unsterblicher Blutsauger, der sowohl Faszination als auch Schrecken hervorruft. Seine Fähigkeit, seine Gestalt zu verändern und seine Macht über die Elemente zu nutzen, verleiht ihm eine fast göttliche, aber zutiefst unheimliche Aura.

Die Figuren der Vampirjäger, angeführt von Professor Abraham Van Helsing, repräsentieren die Kräfte der Wissenschaft und Rationalität, die gegen das übernatürliche Böse kämpfen. Van Helsing, ein gelehrter und mutiger Wissenschaftler, symbolisiert die Hoffnung der Aufklärung, dass das Wissen und die Vernunft letztendlich das Dunkle und Unbekannte besiegen können. Diese Konfrontation zwischen Wissenschaft und Übernatürlichem spiegelt die zeitgenössischen Debatten über Religion, Wissenschaft und Fortschritt wider.

Struktur und Erzählweise

Eine der bemerkenswertesten Eigenschaften von ›Dracula‹ ist seine erzählerische Struktur. Stoker verwendet eine Vielzahl von Erzählperspektiven, darunter Tagebücher, Briefe, Zeitungsausschnitte und Schiffsprotokolle, um die Geschichte zu erzählen. Diese Fragmentierung der Erzählung verleiht dem Roman eine dokumentarische Authentizität und steigert die Spannung, indem sie den Leser langsam und schrittweise in das Geheimnis um Dracula einführt.

Diese multiperspektivische Erzählweise ermöglicht es Stoker, verschiedene Sichtweisen und Reaktionen auf die vampirische Bedrohung darzustellen. Jeder Erzähler bringt seine eigenen Vorurteile, Ängste und Interpretationen ein, was den Leser dazu zwingt, die Ereignisse kritisch zu hinterfragen und eigene Schlüsse zu ziehen. Diese Technik verstärkt die Atmosphäre des Ungewissen und des Schreckens, die den Roman durchdringt.

Einfluss und Nachwirkung

Der Einfluss von ›Dracula‹ auf den Vampirmythos kann nicht hoch genug eingeschätzt werden. Vor Stokers Roman existierten Vampirgeschichten hauptsächlich in der mündlichen Tradition und in weniger bekannten literarischen Werken. ›Dracula‹ jedoch schuf einen Archetyp, der die nachfolgende Darstellung von Vampiren in der Populärkultur dominierte.

Graf Dracula wurde zur Vorlage für unzählige Film- und Bühnenadaptionen, von denen viele das Bild des Vampirs in der modernen Kultur weiterprägten. Der 1931 erschienene Film ›Dracula‹ mit Bela Lugosi in der Hauptrolle brachte den Vampir endgültig ins Kino und festigte das ikonische Bild des eleganten, in einen Umhang gehüllten Grafen, der bis heute fortbesteht.

Auch die symbolische und thematische Tiefe des Romans hatte weitreichende Auswirkungen. Die Verbindung von Sexualität und Tod, die in ›Dracula‹ angedeutet wird, fand ihren Weg in die Psychoanalyse und beeinflusste die Interpretation von Vampirgeschichten im 20. Jahrhundert. Sigmund Freuds Theorien über das Unbewusste und die verdrängten Wünsche finden in der Figur des Vampirs eine kraftvolle Metapher.

Stokers Werk eröffnete auch den Weg für eine Vielzahl von Neuinterpretationen und Erweiterungen des Vampirthemas. Autoren wie Anne Rice, Stephen King und viele andere bauten auf den Grundlagen auf, die Stoker legte, und schufen neue, komplexe und oft moralisch ambivalente Vampirfiguren. Diese literarische Weiterentwicklung zeigt, wie flexibel und anpassungsfähig der Vampirmythos ist und wie er sich ständig weiterentwickeln kann, um die Ängste und Wünsche jeder neuen Generation zu reflektieren.

Zusammenfassung:

Bram Stokers ›Dracula‹ ist mehr als nur eine Gruselgeschichte. Es ist ein tiefgründiges Werk, das die Ängste und Hoffnungen des späten 19. Jahrhunderts einfängt und sie in eine fesselnde Erzählung verpackt. Die Figur des Graf Dracula ist zu einem Symbol für das Böse und das Unbekannte geworden, das uns sowohl anzieht als auch abschreckt. Durch seine geschickte Erzählweise, seine komplexen Charaktere und seine thematische Tiefe hat Stoker einen Vampir geschaffen, der weit über die Seiten seines Romans hinaus weiterlebt und den Vampirmythos für immer geprägt hat.

Vampire in der Horrorliteratur des 19. Jahrhunderts - Weitere wichtige Werke und Autoren des 19. Jahrhunderts

Das 19. Jahrhundert war eine Ära des Umbruchs und der Innovation in der Literatur, besonders im Bereich des Horrors und der fantastischen Erzählungen. Während Bram Stokers ›Dracula‹ als das ikonischste Werk der Vampirliteratur gilt, war er bei weitem nicht der einzige Autor, der sich mit dem Thema beschäftigte. Viele Schriftsteller des 19. Jahrhunderts trugen zur Entwicklung und Popularisierung des Vampirmythos bei, indem sie ihre eigenen einzigartigen Interpretationen und Geschichten beisteuerten. Diese Autoren und ihre Werke sind von zentraler Bedeutung, um das reiche und vielschichtige Bild des literarischen Vampirs zu verstehen.

John Polidori und ›The Vampyre‹

Bereits vor Stoker setzte John Polidori einen bedeutenden Meilenstein mit seiner Novelle ›The Vampyre‹, veröffentlicht im Jahr 1819. Polidori, ein enger Freund und Leibarzt von Lord Byron, schuf in Lord Ruthven einen Prototyp des modernen Vampirs: einen aristokratischen, charismatischen und zugleich tödlichen Verführer. Die Geschichte, die ursprünglich Byron zugeschrieben wurde, war ein großer Erfolg und beeinflusste viele nachfolgende Werke. ›The Vampyre‹ etablierte die Figur des Vampirs als einen gefährlich attraktiven Antihelden, der sowohl Schrecken als auch Faszination hervorruft.

Sheridan Le Fanu und ›Carmilla‹

Ein weiterer wichtiger Beitrag zur Vampirliteratur des 19. Jahrhunderts stammt von Sheridan Le Fanu, dessen Novelle ›Carmilla‹ 1872 veröffentlicht wurde. ›Carmilla‹ erzählt die Geschichte einer weiblichen Vampirin, die sich als Freundin und Vertraute in das Leben junger Frauen einschleicht, um ihre Opfer zu verführen und auszubeuten. Le Fanu schuf mit Carmilla eine der ersten und einflussreichsten weiblichen Vampirfiguren, die sich durch ihre Anmut, Intelligenz und gefährliche Sinnlichkeit auszeichnet.

Die Erzählung ist geprägt von einer dichten, unheimlichen Atmosphäre und einem subtilen Spiel mit sexueller Ambiguität, das die Grenzen zwischen Freundschaft und Verführung, Leben und Tod verwischt. ›Carmilla‹ beeinflusste nicht nur spätere Vampirgeschichten, sondern trug auch zur Entwicklung des lesbischen Vampir-Subgenres bei. Le Fanus Werk zeigt, wie vielseitig und anpassungsfähig der Vampirmythos ist, indem er in verschiedenen sozialen und kulturellen Kontexten neu interpretiert wird.

James Malcolm Rymer und ›Varney the Vampire‹

Ein weiterer bemerkenswerter Beitrag zur Vampirliteratur des 19. Jahrhunderts ist der Schauerroman ›Varney the Vampire‹

von James Malcolm Rymer, der erstmals 1845 in einer Serie von Fortsetzungen veröffentlicht wurde. ›Varney the Vampire‹ ist ein ausgedehnter und melodramatischer Roman, der die Abenteuer und Missetaten des Vampirs Sir Francis Varney beschreibt. Der Roman war äußerst populär und bot eine Vielzahl von dramatischen und sensationellen Episoden, die die Leser in Atem hielten.

Rymer's Werk ist besonders interessant wegen seiner detailreichen Darstellung der vampirischen Fähigkeiten und Schwächen sowie seiner Exploration der moralischen und psychologischen Dimensionen des Vampirdaseins. Varney ist eine komplexe Figur, die zwischen Reue und Grausamkeit schwankt, und bietet somit einen tieferen Einblick in die innere Welt des Vampirs. Obwohl ›Varney the Vampire‹ oft als Trivialliteratur abgetan wird, hatte der Roman einen erheblichen Einfluss auf die populäre Darstellung des Vampirs und trug zur Verbreitung und Kommerzialisierung des Vampirmythos bei.

Emily Gerard und die Inspiration für ›Dracula‹

Emily Gerard, eine schottische Schriftstellerin und Reiseschriftstellerin, trug indirekt zur Entstehung von ›Dracula‹ bei. Ihr Buch ›The Land Beyond the Forest‹ (1888) bietet eine detaillierte Beschreibung der Folklore und Bräuche Transsylvaniens, einschließlich der lokalen Vampirlegenden. Gerard's ethnographische Arbeit lieferte Bram Stoker wertvolle Hintergrundinformationen und Inspirationen für seinen Roman. Ihre Schilderungen des Vampirglaubens in Osteuropa trugen dazu bei, den exotischen und mysteriösen Schauplatz von ›Dracula‹ zu formen und ihm eine authentische Grundlage zu geben.

Edgar Allan Poe und die unheimliche Atmosphäre

Obwohl Edgar Allan Poe keine spezifischen Vampirgeschichten schrieb, ist sein Einfluss auf die Horrorliteratur des 19. Jahrhunderts und die Entwicklung des unheimlichen Genres unverkennbar. Poe's meisterhafte Fähigkeit, Atmosphäre und Spannung zu erzeugen, prägte viele nachfolgende Autoren. Geschichten wie ›Ligeia‹ (1838) und ›The Fall of the House of Usher‹ (1839) erforschen Themen der Wiederkehr von Toten und des unheimlichen Unsterblichen, die auch zentrale Elemente des Vampirmythos sind. Poes Einfluss zeigt sich in der Betonung des Psychologischen und der Atmosphäre, die in der Vampirliteratur des 19. Jahrhunderts zunehmend wichtig wurden.

Zusammenfassung:

Die Vampirliteratur des 19. Jahrhunderts war reich und vielfältig, geprägt von einer Vielzahl von Autoren, die dem Mythos des Vampirs ihre eigenen einzigartigen Wendungen und Interpretationen verliehen. Von Polidori's aristokratischem Verführer über Le Fanu's verführerische Carmilla bis hin zu Rymer's melodramatischem Varney und den folkloristischen Einflüssen Gerard's: Jeder dieser Autoren trug dazu bei, den Vampir als eine komplexe, faszinierende und tiefgründige Figur zu etablieren.

Diese Werke legten den Grundstein für die spätere Popularität des Vampirs in der Literatur und anderen Medien. Sie zeigen, wie der Vampir immer wieder neu erfunden wurde, um den Ängsten, Wünschen und kulturellen Spannungen der jeweiligen Zeit gerecht zu werden. Im nächsten Kapitel werden wir untersuchen, wie diese literarischen Traditionen in den großen Vampirromanen des 20. Jahrhunderts weiterentwickelt und neu interpretiert wurden, und wie der Vampir als Symbol für das Unheimliche und das Unbekannte weiterhin relevant bleibt.

Das goldene Zeitalter des Vampirfilms -

Von ›Nosferatu‹ zu den klassischen

Universal-Filmen

Die Verwandlung des Vampirs von einer literarischen Gestalt zu einer Ikone der Kinoleinwand begann in den frühen Jahrzehnten des 20. Jahrhunderts und erlebte ihren Höhepunkt in den klassischen Horrorfilmen der 1920er bis 1950er Jahre. Dieses goldene Zeitalter des Vampirfilms brachte einige der denkwürdigsten und einflussreichsten Darstellungen des blutsaugenden Ungeheuers hervor und etablierte visuelle und narrative Tropen, die bis heute in der Popkultur nachhallen.

Der Beginn:

›Nosferatu‹

Der erste bedeutende Vampirfilm, der die Grundlage für viele spätere Adaptionen legte, war Friedrich Wilhelm Murnaus ›Nosferatu – Eine Symphonie des Grauens‹ (1922). Diese deutsche Stummfilmklassiker, inspiriert von Bram Stokers ›Dracula‹, wurde ohne die Erlaubnis der Rechteinhaber gedreht und musste daher einige Änderungen am Originalmaterial vornehmen. So wurde aus Graf Dracula der furchterregende Graf Orlok, meisterhaft verkörpert von Max Schreck.

›Nosferatu‹ beeindruckte durch seine expressionistische Ästhetik, die den Horror des Vampirs visuell und atmosphärisch einfing. Die Schatten, die deformierten Kulissen und das unheimliche Spiel mit Licht und Dunkelheit schufen eine beklemmende Atmosphäre, die den Zuschauer in ihren Bann zog. Murnaus Film war nicht nur ein technischer Triumph, sondern auch eine tiefgründige Erkundung der Themen Tod, Krankheit und das Übernatürliche. Die Darstellung von Graf Orlok als eine abstoßend groteske Kreatur unterschied sich stark von den späteren, oft charismatischeren Vampirfiguren und setzte dennoch einen hohen Standard für die filmische Darstellung des Bösen.

Die Ära der Universal-Monster: ›Dracula‹ (1931)

Der nächste Meilenstein in der Geschichte des Vampirfilms kam 1931 mit der Veröffentlichung von ›Dracula‹ durch die Universal Studios. Unter der Regie von Tod Browning und mit Bela Lugosi in der Titelrolle, wurde dieser Film zum archetypischen Vampirfilm und prägte das öffentliche Bild von Dracula für Generationen. Lugosi's Darstellung war geprägt von einer hypnotischen Präsenz und einer eleganten Bedrohlichkeit, die den Vampir zu einem verführerischen, aber tödlichen Antagonisten machte.

Die Universal-Version von ›Dracula‹ kombinierte gotische Horror-Elemente mit einer neuartigen filmischen Sprache, die die Ängste und Faszinationen des Publikums ansprach. Die ikonische Szene, in der Dracula auf dem Treppenabsatz steht, die Arme weit ausgebreitet, wurde zu einem Sinnbild des klassischen Horrorfilms. Die Mischung aus Lugosi's unvergesslicher Darstellung und der stimmungsvollen Inszenierung schuf ein bleibendes Bild des Vampirs, das unzählige spätere Filme beeinflusste.

Universal's weitere Vampirabenteuer

Der Erfolg von ›Dracula‹ führte zu einer Reihe weiterer Vampirfilme in den 1930er und 1940er Jahren, die das Genre weiter festigten und ausbauten. Filme wie ›Dracula's Daughter‹ (1936) und ›Son of Dracula‹ (1943) erweiterten die mythologische Tiefe und die narrative Komplexität der Vampirgeschichten. Diese Filme untersuchten die psychologischen und familiären Verstrickungen des Vampirismus und führten neue Figuren und Konflikte ein.

›Dracula's Daughter‹ präsentierte eine weibliche Vampirin, die zwischen ihrem unstillbaren Blutdurst und dem Wunsch nach einem normalen Leben hin- und hergerissen ist. Diese ambivalente Darstellung des Vampirs fügte dem Mythos eine neue Dimension hinzu und bot eine tiefere, emotionalere Erzählung. ›Son of Dracula‹ hingegen brachte mit Lon Chaney Jr. als Dracula eine neue physische Präsenz in die Rolle, die sowohl bedrohlich als auch tragisch war.

Der Einfluss von Universal's Vampirfilmen

Die Universal-Monsterfilme, insbesondere die Vampirgeschichten, hatten einen nachhaltigen Einfluss auf das Horrorgenre und die Popkultur insgesamt. Sie etablierten visuelle und narrative Konventionen, die in zahlreichen nachfolgenden Filmen und Medien wiederaufgenommen wurden. Das Bild des Vampirs als aristokratischer, in einem Umhang gehüllter Verführer, der in gotischen Schlössern und verfallenen Burgen haust, wurde durch diese Filme fest in der kollektiven Vorstellung verankert.

Die Universal-Filme trugen auch zur Popularisierung des Vampirmythos bei und machten ihn einem breiteren Publikum zugänglich. Durch ihre geschickte Vermarktung und ihre visuell beeindruckende Umsetzung wurden diese Filme zu Klassikern des Horrorgenres und beeinflussten Generationen von Filmemachern, Schriftstellern und Künstlern.

Zusammenfassung:

Das goldene Zeitalter des Vampirfilms, von ›Nosferatu‹ bis zu den klassischen Universal-Filmen, war eine Zeit des Experimentierens und der Innovation, die die Grundlage für die moderne Darstellung des Vampirs legte. Diese Filme schufen ikonische Bilder und Erzählungen, die die Essenz des Vampirmythos einfingen und ihn für neue Generationen von Zuschauern neu interpretierten.

Durch ihre atmosphärische Inszenierung, ihre charismatischen Darstellungen und ihre tiefgründigen Erkundungen menschlicher Ängste und Sehnsüchte, prägten diese frühen Vampirfilme das Genre nachhaltig. Sie machten den Vampir zu einer der fesselndsten und dauerhaftesten Figuren des Horrors und öffneten die Türen für unzählige Adaptionen, Variationen und Neuschöpfungen in den kommenden Jahrzehnten. Im nächsten Kapitel werden wir untersuchen, wie sich der Vampirfilm im Laufe des 20. Jahrhunderts weiterentwickelte und welche neuen Formen und Interpretationen der Vampir im modernen Kino fand.

Der Vampir in den 1960er und 1970er Jahren - Hammer Horror und andere Interpretationen

Die 1960er und 1970er Jahre markierten eine aufregende Ära für den Vampirfilm, geprägt von der Wiederbelebung und Neugestaltung klassischer Themen durch die britische Filmproduktionsgesellschaft Hammer Films sowie durch eine Vielzahl innovativer und oft kontroverser Interpretationen weltweit. Diese Zeit war gekennzeichnet von einer neuen Welle des Horrorkinos, das durch explizitere Gewalt, Erotik und psychologischen Tiefgang den Vampir auf eine Weise präsentierte, die das Publikum gleichermaßen faszinierte und schockierte.

Hammer Films:

Die Wiedergeburt des Dracula

Hammer Films, gegründet 1934, erlebte in den 1950er Jahren eine Renaissance mit ihren Neuinterpretationen klassischer Horrorfiguren. Der große Durchbruch kam 1958 mit ›Dracula‹ (in den USA als ›Horror of Dracula‹ bekannt), in dem Christopher Lee die Rolle des Grafen Dracula übernahm. Unter der Regie von Terence Fisher präsentierte dieser Film eine farbenfrohe, dynamische und sexuell aufgeladene Version des Vampirs, die das Publikum in ihren Bann zog.

Christopher Lees Darstellung war markant und kraftvoll, weit entfernt von Bela Lugosis eleganter und fast theatralischer Interpretation. Lees Dracula war ein majestätisches und zugleich animalisches Wesen, dessen blutige Brutalität und erotische Ausstrahlung den Vampir zu einer ebenso furchterregenden wie verführerischen Gestalt machten. Der Erfolg des Films führte zu einer Reihe von Fortsetzungen, darunter ›Dracula: Prince of Darkness‹ (1966), ›Dracula Has Risen from the Grave‹ (1968) und ›Taste the Blood of Dracula‹ (1970), die alle den Charakter und die Legende des Vampirs weiterentwickelten und popularisierten.

Erotik und Gewalt:

Die Signatur des Hammer-Horrors

Die Filme von Hammer zeichneten sich durch eine Ästhetik aus, die auf kräftige Farben, üppige Kostüme und aufwendig gestaltete Sets setzte. Diese visuelle Pracht wurde mit einer zunehmenden Freizügigkeit in Bezug auf Gewalt und Erotik kombiniert, die die traditionellen Grenzen des Horrorfilms sprengte. Szenen expliziter Blutsaugerangriffe und enthüllter weiblicher Schönheit machten die Filme sowohl provokativ als auch faszinierend.

Diese Verschmelzung von Erotik und Horror fand besonders in Filmen wie ›The Vampire Lovers‹ (1970) ihren Ausdruck, der auf Sheridan Le Fanus Novelle ›Carmilla‹ basierte. Der Film präsentierte die Geschichte einer lesbischen Vampirin und erweiterte damit die Grenzen dessen, was in Mainstream-Horrorfilmen dargestellt werden konnte. Ingrid Pitt, die die Rolle der Carmilla spielte, verkörperte die sinnliche und zugleich tödliche Anziehungskraft des Vampirs, was den Film zu einem Klassiker des erotischen Horrors machte.

Europäische und amerikanische Einflüsse:

Vielfalt und Innovation

Während Hammer Films eine dominierende Kraft im Vampirgenre war, gab es auch andere bemerkenswerte Beiträge aus Europa und den USA, die das Bild des Vampirs weiter diversifizierten. In Italien schuf Mario Bava mit ›La maschera del demonio‹ (1960, bekannt als ›Black Sunday‹) einen atmosphärisch dichten und visuell beeindruckenden Vampirfilm, der auf einer Geschichte von Nikolai Gogol basierte. Barbara Steele, die Hauptdarstellerin, wurde zur Ikone des gotischen Horrors.

In den USA sorgte George A. Romero, bekannt für seine revolutionären Zombie-Filme, mit ›Martin‹ (1976) für eine innovative und psychologisch tiefgehende Darstellung des Vampirismus. Der Film erzählt die Geschichte eines jungen Mannes, der glaubt, ein Vampir zu sein, und kombiniert Horror mit sozialem Kommentar und psychologischer Analyse. ›Martin‹ bietet einen ungeschminkten Blick auf das Leben eines Außenseiters und hinterfragt die traditionelle Mythologie des Vampirs, indem er die Grenze zwischen Wahnsinn und Übernatürlichkeit verschwimmen lässt.

Blaxploitation und alternative Perspektiven

Die 1970er Jahre sahen auch das Aufkommen des Blaxploitation-Films, der afroamerikanische Perspektiven und Darsteller in den Vordergrund rückte. ›Blacula‹ (1972) und seine Fortsetzung ›Scream Blacula Scream‹ (1973) brachten den Vampir-Mythos in die städtische Umgebung und kombinierten ihn mit Elementen der afroamerikanischen Kultur. William Marshall spielte den tragischen Prinzen Mamuwalde, der in einen Vampir verwandelt und in der modernen Welt wiedererweckt wird. Diese Filme waren sowohl eine Hommage an die klassischen Vampirgeschichten als auch eine kraftvolle Auseinandersetzung mit Fragen von Rasse und Identität.

Eine Ära der Vielfalt und Erneuerung

Die 1960er und 1970er Jahre waren eine Zeit des Experimentierens und der Neuerfindung für den Vampirfilm. Hammer Films spielte eine zentrale Rolle bei der Wiederbelebung des Genres und setzte neue Standards in Bezug auf Stil, Erotik und Gewalt. Gleichzeitig brachten europäische und amerikanische Filmemacher neue Perspektiven und Innovationen ein, die das Bild des Vampirs erweiterten und vertieften.

Diese Ära zeigte, dass der Vampir ein unglaublich anpassungsfähiges Symbol ist, das in unterschiedlichen kulturellen und sozialen Kontexten neu interpretiert und genutzt werden kann. Die Werke dieser Zeit legten den Grundstein für die vielfältigen und komplexen Darstellungen des Vampirs, die im modernen Kino und in der Popkultur weiterhin eine zentrale

Rolle spielen. Im nächsten Kapitel werden wir untersuchen, wie der Vampir in den 1980er Jahren durch den Einfluss des Punk- und New-Wave-Kulturen eine neue, postmoderne Form annahm.

Vampire in der modernen Literatur - Von Anne Rice zu Stephen King und darüber hinaus

In den letzten Jahrzehnten des 20. Jahrhunderts und zu Beginn des 21. Jahrhunderts erlebte der Vampir eine bemerkenswerte Renaissance in der Literatur. Autoren wie Anne Rice und Stephen King prägten das Bild des modernen Vampirs und führten ihn in neue narrative und thematische Gefilde. Die literarischen Werke dieser Epoche erweiterten die Mythologie und untersuchten tiefgehende menschliche Fragen durch die Linse des Übernatürlichen.

Anne Rice:

Die Wiedergeburt des romantischen Vampirs

Anne Rice revolutionierte das Genre mit ihrem 1976 veröffentlichten Roman ›Interview mit einem Vampir‹. Ihr Werk verlieh dem Vampir eine neue Tiefe und Komplexität, indem es die Geschichte aus der Perspektive des Vampirs selbst erzählte. Louis de Pointe du Lac, der Protagonist des Romans, ist ein zutiefst reflektierender und moralisch ambivalenter Charakter, der seine Existenz als Vampir hinterfragt und mit Schuld und Isolation kämpft.

Rice' Vampire sind sowohl grausame Jäger als auch tragische Figuren, die in einer ewigen Suche nach Sinn und Identität gefangen sind. Diese duale Natur wird besonders in der Figur von Lestat de Lioncourt verkörpert, der charismatische und widersprüchliche Vampir, der im Laufe der ›Chronik der Vampire‹-Serie zu einem zentralen Charakter wird. Lestat, mit seiner unbändigen Lebenslust und seinem Drang nach Macht und Verständnis, steht im starken Kontrast zu Louis' melancholischer und introspektiver Natur.

Anne Rice schuf mit ihren Romanen eine reichhaltige und detailverliebte Welt, die von historischer Genauigkeit und einer tiefen Erforschung menschlicher Emotionen und Existenz geprägt ist. Ihre Werke trugen dazu bei, den Vampir als eine vielschichtige Metapher für verschiedene Aspekte der menschlichen Erfahrung zu etablieren, von der Einsamkeit des Individuums bis hin zur ewigen Suche nach Erlösung.

Stephen King:

Vampirismus als Spiegel gesellschaftlicher Ängste

Stephen King, bekannt als Meister des modernen Horrors, brachte den Vampir in seinem 1975 erschienenen Roman ›Brennen muss Salem‹ zurück in die amerikanische Kleinstadt. Kings Werk verbindet klassische Horrorelemente mit einer scharfsinnigen Analyse gesellschaftlicher Ängste und Schwächen. Die Geschichte erzählt von der schleichenden Übernahme der fiktiven Stadt Jerusalem's Lot durch eine Gruppe von Vampiren, angeführt von dem geheimnisvollen Kurt Barlow.

Kings Vampire sind nicht nur blutrünstige Kreaturen, sondern auch Verkörperungen tief verwurzelter gesellschaftlicher und psychologischer Ängste. ›Brennen muss Salem‹ thematisiert die Isolation und den Zerfall von Gemeinschaften sowie die dunklen Geheimnisse, die unter der Oberfläche scheinbar idyllischer Orte lauern. Kings Fähigkeit, alltägliche Szenarien mit übernatürlichem Horror zu verweben, schafft eine beklemmende Atmosphäre, die den Leser in ihren Bann zieht und die Bedrohlichkeit des Vampirismus in einem neuen Licht zeigt.

Erweiterung und Diversifizierung des Genres

Die 1990er und 2000er Jahre brachten eine Vielzahl von neuen Stimmen und Perspektiven in die Vampirliteratur, die das Genre weiter diversifizierten und modernisierten. Autoren wie Charlaine Harris, Poppy Z. Brite und Guillermo del Toro haben den Vampirmythos in ihre Werke integriert und dabei innovative Ansätze verfolgt.

Charlaine Harris' ›Sookie Stackhouse‹Reihe, die als Grundlage für die erfolgreiche Fernsehserie ›True Blood‹ diente, verortete Vampire in einem zeitgenössischen Setting, in dem sie offen unter Menschen leben und ihre Existenz durch synthetisches Blut sichern. Diese Serie erforscht Themen wie Akzeptanz, Diskriminierung und die Koexistenz von Menschen und übernatürlichen Wesen.

Poppy Z. Brite brachte mit ›Lost Souls‹ und anderen Werken eine queere Perspektive in das Genre und erforschte die Themen Identität, Anderssein und die Suche nach Zugehörigkeit. Brites Werke sind bekannt für ihren poetischen Stil und die intensive Darstellung der inneren Konflikte und Sehnsüchte ihrer Figuren.

Guillermo del Toro, in Zusammenarbeit mit Chuck Hogan, schuf mit der ›The Strain‹-Trilogie eine düstere und actionreiche Neuinterpretation des Vampirgenres. Diese Romane kombinieren Elemente des Thrillers mit traditionellen und wissenschaftlichen Erklärungen des Vampirismus und bieten eine packende Erzählung über den Kampf gegen eine globale Vampirapokalypse.

Vampire in der postmodernen Literatur

In der postmodernen Literatur werden Vampire oft verwendet, um gesellschaftliche und kulturelle Fragen zu reflektieren und zu hinterfragen. Autoren wie Neil Gaiman und Justin Cronin haben den Vampir in neue narrative Kontexte gestellt und dabei die Grenzen des Genres erweitert.

Neil Gaimans ›American Gods‹ und ›The Sandman‹ bieten komplexe und facettenreiche Darstellungen von Vampiren und anderen übernatürlichen Wesen. Gaiman nutzt den Vampir, um Themen wie Mythologie, Religion und Identität zu erforschen und dabei tiefere philosophische Fragen zu stellen.

Justin Cronins ›The Passage‹-Trilogie präsentiert eine epische Geschichte über ein post-apokalyptisches Amerika, in dem eine Virusinfektion Menschen in vampirähnliche Kreaturen verwandelt. Cronins Werk kombiniert Elemente des Horror-, Science-Fiction- und Abenteuerromans und bietet eine tiefgründige Erkundung von Menschlichkeit, Überleben und Erlösung.

Der anhaltende Reiz des Vampirs

Die moderne Vampirliteratur zeigt, dass der Vampir eine unglaublich vielseitige und anpassungsfähige Figur ist, die immer wieder neue Bedeutungen und Interpretationen hervorbringt. Von Anne Rices introspektiven und tragischen Charakteren über Stephen Kings gesellschaftskritische Allegorien bis hin zu den vielfältigen und innovativen Ansätzen der letzten Jahrzehnte bleibt der Vampir ein faszinierendes Symbol, das tief in die menschliche Psyche eindringt und die Grenzen zwischen Horror und Literatur, zwischen Realität und Mythos verwischt.

Im nächsten Kapitel werden wir untersuchen, wie der Vampir in den visuellen Medien des späten 20. und frühen 21. Jahrhunderts weiterentwickelt wurde, von den klassischen Horrorfilmen bis zu den modernen Fernsehserien und Streaming-Diensten. Diese neuen Medien haben den Vampir in eine neue Ära geführt, in der er weiterhin eine zentrale Rolle in der Popkultur spielt und das Publikum in seinen Bann zieht.

Romantisierung und Teenager-Vampire - ›Twilight‹, ›The Vampire Diaries‹ und andere Jugendromane

In den frühen 2000er Jahren erlebte die Vampirliteratur eine bemerkenswerte Transformation, die das Genre in die Herzen und Köpfe einer neuen Generation von Lesern katapultierte. Diese Veränderung war geprägt von einer intensiven Romantisierung und der Verlagerung des Vampirthemas in die Welt der Teenager. Serien wie Stephenie Meyers ›Twilight‹ und L.J. Smiths ›The Vampire Diaries‹ spielten eine zentrale Rolle in dieser Entwicklung und schufen eine neue Art von Vampir: jung, attraktiv und emotional komplex.

Stephenie Meyers ›Twilight‹:

Eine moderne Liebesgeschichte

Stephenie Meyers ›Twilight‹-Saga, die 2005 mit dem gleichnamigen ersten Buch begann, revolutionierte das Vampirgenre auf beispiellose Weise. Die Geschichte der menschlichen Teenagerin Bella Swan und ihrer romantischen Beziehung zu dem Vampir Edward Cullen zog Millionen von Lesern weltweit in ihren Bann. Meyer präsentierte einen Vampir, der sich stark von den traditionellen, blutrünstigen Kreaturen unterschied.

Edward Cullen, der Protagonist, ist ein moralisch reflektierender, edler und unsterblich verliebter Vampir, der ständig mit seiner Natur kämpft, um Bella zu schützen.

Die ›Twilight‹-Saga betonte Themen wie ewige Liebe, Selbstkontrolle und die Sehnsucht nach Zugehörigkeit. Die Bücher erforschten die emotionalen Turbulenzen und Herausforderungen, die eine solche interspezifische Beziehung mit sich bringt, und verbanden sie mit den alltäglichen Problemen des Teenagerlebens. Die Serie war ein Phänomen, das nicht nur in literarischer Form, sondern auch als Filmreihe enorme Popularität erreichte und eine riesige Fangemeinde schuf.

Meyers Werk brachte eine tiefgreifende Romantisierung des Vampirs mit sich, die sich durch eine idealisierte Darstellung der Charaktere und eine Betonung von Schönheit und Reinheit auszeichnete. Die Vampire in ›Twilight‹ waren keine bedrohlichen Monster, sondern vielmehr tragische Helden, die nach Erlösung und Liebe suchten. Diese Darstellung fand besonders bei jungen Leserinnen großen Anklang und veränderte die Wahrnehmung des Vampirs in der Popkultur nachhaltig.

›The Vampire Diaries‹:

Liebe, Drama und Übernatürliches

Parallel zu Meyers Erfolg entwickelte sich L.J. Smiths ›The Vampire Diaries‹-Serie zu einem weiteren wichtigen Pfeiler der Teenager-Vampirliteratur. Die Serie, die ursprünglich in den 1990er Jahren begann und durch eine erfolgreiche Fernsehserie in den späten 2000er Jahren neu belebt wurde, erzählte die Geschichte der Elena Gilbert und ihrer Beziehung zu den Vampirbrüdern Stefan und Damon Salvatore.

›The Vampire Diaries‹ kombinierte romantische Spannungen mit dramatischen Handlungssträngen und einem tiefen Eintauchen in die übernatürliche Welt. Die Serie bot eine Mischung aus Liebesdreiecken, uralten Fehden und mystischen Geheimnissen, die eine komplexe und fesselnde Erzählung schuf. Smiths Werk war gekennzeichnet durch intensive Emotionen und charakterliche Tiefe, die es den Lesern ermöglichte, sich stark mit den Protagonisten zu identifizieren.

Die TV-Adaption von ›The Vampire Diaries‹ brachte die Geschichten und Charaktere einer noch größeren Zuschauerschaft näher und verstärkte den Trend zur Romantisierung des Vampirs. Die Darstellung der Brüder Stefan und Damon als charismatische, aber innerlich zerrissene Wesen fügte dem Vampirmythos neue Facetten hinzu und unterstrich die Idee des Vampirs als leidenschaftlichen und konfliktreichen Helden.

Weitere Jugendromane und der anhaltende Trend

Neben ›Twilight‹ und ›The Vampire Diaries‹ trugen viele andere Werke zur Popularität von Teenager-Vampiren bei. Autoren wie Richelle Mead mit ihrer ›Vampire Academy‹-Serie und P.C. Cast & Kristin Cast mit der ›House of Night‹-Reihe erweiterten das Genre und führten neue Konzepte und Mythologien ein. Diese Serien kombinierten Elemente der Romantik, des

Abenteuers und des Übernatürlichen, um spannende und fesselnde Geschichten zu schaffen.

Die ›Vampire Academy‹-Serie, die das Leben der Dhampir-Schülerin Rose Hathaway und ihrer Freundin, der Moroi-Prinzessin Lissa Dragomir, verfolgt, fügte dem Genre eine akademische und kämpferische Komponente hinzu. Die Geschichten drehten sich um den Schutz der Moroi vor den bösen Strigoi und präsentierten starke, weibliche Protagonisten, die sowohl romantische als auch actionreiche Abenteuer erlebten.

Die ›House of Night‹-Reihe hingegen integrierte das Konzept der Vampirschule und kombinierte es mit spirituellen und mythologischen Elementen. Die Hauptfigur, Zoey Redbird, entdeckt ihre Identität und Fähigkeiten als Vampirin, während sie sich mit Freundschaften, Feindschaften und Liebesbeziehungen auseinandersetzt.

Die kulturelle Bedeutung und der Einfluss auf die Popkultur
Die Romantisierung des Vampirs und seine Integration in die Welt der Teenager hatten einen tiefgreifenden Einfluss auf die Popkultur. Diese Werke schufen nicht nur neue literarische Trends, sondern beeinflussten auch Film, Fernsehen und andere Medien. Die Darstellung des Vampirs als romantischer Held und komplexer Charakter fand weite Verbreitung und wurde zu einem festen Bestandteil der modernen Erzählkunst.

Die Faszination für Vampire in der Jugendkultur spiegelt tiefere gesellschaftliche und psychologische Bedürfnisse wider. Die Geschichten bieten eine Flucht aus dem Alltag und erlauben es den Lesern, sich mit Themen wie Liebe, Identität und Selbstfindung auf einer fantastischen Ebene auseinanderzusetzen. Sie ermöglichen es, Tabus zu erkunden und emotionale Komplexität in einer sicheren, fiktionalen Umgebung zu erleben.

Ein unvergängliches Phänomen

Die Romantisierung und Verjüngung des Vampirs in der modernen Literatur hat das Genre nachhaltig verändert und erweitert. Von ›Twilight‹ über ›The Vampire Diaries‹ bis hin zu anderen Jugendromanen haben diese Werke den Vampir zu einer zentralen Figur in der Welt der Teenager gemacht. Sie haben gezeigt, dass der Vampir als Symbol für Liebe, Konflikt und Selbsterkenntnis unendlich wandelbar und relevant bleibt.

Im nächsten Kapitel werden wir untersuchen, wie die Figur des Vampirs in der zeitgenössischen Erwachsenenliteratur weiterentwickelt wurde, von urbanen Fantasy-Romanen bis hin zu düsteren Thrillern, und welche neuen Wege Autoren gefunden haben, um die Faszination des Vampirs lebendig zu halten.

Vampire im Fernsehen - Erfolgsserien wie ›Buffy‹, ›True Blood‹ und ›The Originals‹

In den letzten Jahrzehnten hat das Fernsehen maßgeblich zur Erneuerung und Popularisierung des Vampirmythos beigetragen. Durch Serien wie ›Buffy – Im Bann der Dämonen‹, ›True Blood‹ und ›The Originals‹ hat der Vampir eine beeindruckende Wandlung durchgemacht und ist zu einer komplexen, tiefgründigen und facettenreichen Figur geworden, die weit über die traditionellen Grenzen des Horrorgenres hinausgeht.

›Buffy – Im Bann der Dämonen‹:

Der Vampir als komplexer Antagonist und Verbündeter

Die Serie ›Buffy – Im Bann der Dämonen‹, die von 1997 bis 2003 ausgestrahlt wurde, gilt als eine der einflussreichsten Fernsehsendungen der 1990er Jahre und darüber hinaus. Unter der kreativen Leitung von Joss Whedon brachte ›Buffy‹ eine innovative Mischung aus Horror, Drama, Romantik und Humor auf den Bildschirm und stellte den Vampir in einer neuen, komplexen Weise dar.

Die Serie dreht sich um die junge Buffy Summers, die als ›Jägerin‹ dazu berufen ist, gegen Vampire und andere dämonische Kreaturen zu kämpfen. Zwei der zentralen Figuren der Serie, Angel und Spike, sind Vampire, die eine entscheidende Rolle in Buffys Leben und der Gesamtentwicklung der Handlung spielen.

Angel, Buffys erste große Liebe, ist ein Vampir mit einer Seele, der mit den Gräueltaten seiner Vergangenheit ringt und versucht, Erlösung und Vergebung zu finden. Seine komplexe Beziehung zu Buffy, geprägt von Liebe, Schuld und Selbstaufopferung, fügt dem Vampircharakter eine tiefe emotionale Ebene hinzu.

Spike hingegen, der zunächst als skrupelloser Antagonist eingeführt wird, durchläuft im Laufe der Serie eine bemerkenswerte Entwicklung. Sein Wandel vom Bösewicht zum Verbündeten und schließlich zum Helden zeigt die Vielschichtigkeit des Vampirbildes in ›Buffy‹. Die Serie nutzt Vampire, um Themen wie Moral, Identität, Erlösung und die Natur des Bösen zu erkunden.

›True Blood‹:

Gesellschaftliche Spiegelungen und erotische Spannung

Die von Alan Ball geschaffene Serie ›True Blood‹, basierend auf der ›Sookie Stackhouse‹-Reihe von Charlaine Harris, lief von 2008 bis 2014 und brachte eine neue, erwachsenere Perspektive auf den Vampir. In einer Welt, in der Vampire ihre

Existenz öffentlich gemacht haben und synthetisches Blut (›True Blood‹) konsumieren, um friedlich neben Menschen zu leben, werden tiefgehende gesellschaftliche und politische Themen untersucht.

Die Protagonistin, Sookie Stackhouse, eine Kellnerin mit telepathischen Fähigkeiten, navigiert durch eine Welt voller übernatürlicher Wesen, darunter Vampire, Werwölfe und Feen. Ihre Beziehungen zu Vampiren wie Bill Compton und Eric Northman sind zentral für die Handlung und bieten eine reiche Quelle für dramatische und emotionale Konflikte.

›True Blood‹ thematisiert Themen wie Akzeptanz, Diskriminierung und die Komplexität von Identität und Sexualität. Die Serie verwendet den Vampir als Metapher für gesellschaftliche Außenseiter und untersucht die Spannungen zwischen Integration und Segregation. Darüber hinaus bietet sie eine explizit erotische Darstellung von Vampiren, die deren Anziehungskraft und Gefährlichkeit betont.

Die Serie zeichnet sich durch ihre Mischung aus Horror, Mystery und dunkler Romantik aus und hebt die moralischen Grauzonen hervor, in denen ihre Charaktere operieren. Die Darstellung von Vampiren als sowohl verführerisch als auch tödlich spiegelt die Ambivalenz wider, die das Wesen des Vampirs seit Jahrhunderten prägt.

›The Originals‹:

Familienbande und uralte Fehden

›The Originals‹, ein Spin-off der erfolgreichen Serie ›The Vampire Diaries‹, wurde von 2013 bis 2018 ausgestrahlt und konzentrierte sich auf die Urvampirfamilie Mikaelson. Diese Serie vertiefte das Vampirgenre, indem sie die Geschichte der ersten Vampire der Welt erzählte und dabei die Themen Macht, Loyalität und Verrat untersuchte.

Im Mittelpunkt der Serie stehen die Geschwister Klaus, Elijah und Rebekah Mikaelson, deren komplexe Familienbande und uralte Fehden die treibende Kraft der Handlung sind. Die Serie spielt im mystischen und geschichtsträchtigen New Orleans, einem perfekten Schauplatz für übernatürliche Intrigen und Machtkämpfe.

›The Originals‹ kombiniert Elemente von Familiendrama, historischem Epos und übernatürlichem Thriller. Die Serie beleuchtet die moralischen Dilemmata und emotionalen Konflikte der Unsterblichen und untersucht, wie ewiges Leben die Beziehungen und das Verhalten der Charaktere beeinflusst. Klaus Mikaelson, als hybride Kreatur aus Vampir und Werwolf, steht im Zentrum vieler Konflikte und verkörpert die widersprüchlichen Kräfte von Liebe und Zerstörung.

Die Serie erweitert die Mythologie des Vampirs, indem sie uralte Legenden, magische Rituale und die Politik der übernatürlichen Gemeinschaften miteinander verwebt. Die tiefgründige

Charakterentwicklung und die vielschichtigen Handlungsstränge machten ›The Originals‹ zu einem fesselnden und emotional intensiven Erlebnis für die Zuschauer.

Die dauerhafte Faszination des Vampirs im Fernsehen
Fernsehserien wie ›Buffy‹, ›True Blood‹ und ›The Originals‹ haben gezeigt, dass der Vampir als Figur eine bemerkenswerte Wandlungsfähigkeit und Relevanz besitzt. Diese Serien haben den Vampirmythos nicht nur neu interpretiert, sondern auch erweitert, indem sie tiefere menschliche Themen und gesellschaftliche Fragen in ihren Erzählungen verankerten.

Der Vampir im Fernsehen dient als Spiegel für unsere Ängste, Wünsche und moralischen Fragen. Die Darstellung dieser Kreaturen in verschiedenen Kontexten – von der High-School über die Kleinstadt bis hin zu uralten Familienfehden – ermöglicht es den Zuschauern, sich auf unterschiedliche Weise mit den Figuren und ihren Geschichten zu identifizieren.

In den nächsten Kapiteln dieses Buches werden wir uns weiter mit der Darstellung des Vampirs in verschiedenen Medien und Kulturen befassen und untersuchen, wie diese faszinierende Figur weiterhin unsere Vorstellungen und Erzählungen prägt. Von Literatur und Film über Fernsehen bis hin zu modernen digitalen Medien bleibt der Vampir ein unverzichtbarer Bestandteil unseres kulturellen Erbes und unserer kreativen Ausdrucksformen.

Vampire in der Popkultur - Einflüsse auf Musik, Mode und Lifestyle

Die Figur des Vampirs hat seit Jahrhunderten nicht nur Literatur und Film geprägt, sondern auch tiefgreifende Einflüsse auf Musik, Mode und Lifestyle ausgeübt. Diese faszinierende Kreatur, die zwischen Leben und Tod, Anziehung und Abscheu, Eros und Thanatos existiert, hat in der Popkultur eine bemerkenswerte Entwicklung durchlaufen. Der Vampir ist zu einem Symbol für Rebellion, Individualität und eine dunkle, mystische Ästhetik geworden, die viele Facetten der modernen Kultur durchdringt.

Musik:

Die dunkle Melodie des Vampirs

In der Welt der Musik hat der Vampir eine bedeutende Rolle gespielt, insbesondere in den Genres des Gothic Rock, Metal und Punk. Bands wie Bauhaus, die mit ihrem Hit ›Bela Lugosi's Dead‹ eine Hommage an den berühmten Dracula-Darsteller schufen, haben die düstere Romantik des Vampirs in die musikalische Landschaft integriert. Dieser Song, oft als der erste Gothic-Rock-Track bezeichnet, setzt den Ton für eine ganze Subkultur, die Dunkelheit und Mystik feiert.

Die Band The Cure mit Songs wie ›Lullaby‹ und ›Burn‹ schuf eine melancholische, manchmal bedrohliche Klanglandschaft, die perfekt zur vampirischen Ästhetik passt. Ihre Musik, voller düsterer, romantischer Themen und einer ätherischen Atmosphäre, fängt die Essenz des Vampirs ein – ein Wesen, das in Ewigkeit gefangen ist und nach Erlösung dürstet.

Im Metal-Genre haben Bands wie Cradle of Filth und Type O Negative den Vampir zu einer Ikone des Dunklen und Verbotenen erhoben. Cradle of Filth, mit ihrer theatralischen Bühnenpräsenz und ihren lyrischen Erkundungen von Tod und Erotik, verkörpert die dunkle Seite der Vampirmythologie. Type O Negative, insbesondere mit Songs wie ›Black No. 1‹ und ›Bloody Kisses‹, vermischten Gothic- und Doom-Metal-Elemente mit einer vampirischen Ästhetik, die sowohl verführerisch als auch erschreckend ist.

Mode:

Der stilvolle Schatten des Vampirs

Die Mode hat die vampirische Ästhetik in vielfältiger Weise aufgegriffen und weiterentwickelt. Die gotische Mode, die in den 1980er Jahren aufblühte, wurde stark von der Vorstellung des eleganten, mysteriösen Vampirs inspiriert. Schwarze Kleidung, oft aus Samt und Spitze, kombiniert mit Silberaccessoires, Kreuzen und antik anmutendem Schmuck, ist charakteristisch für diesen Stil. Die Mode dieser Subkultur spiegelt die Faszination für das Dunkle und Geheimnisvolle wider, die auch den Vampirmythos durchdringt.

Designer wie Alexander McQueen und Rick Owens haben Elemente der vampirischen Ästhetik in ihre Kollektionen integriert. McQueen, bekannt für seine dramatischen und oft düsteren Kreationen, schuf Kleidungsstücke, die sowohl opulent als auch unheimlich wirken. Owens, mit seinem minimalistischen, doch subversiven Ansatz, brachte eine moderne Interpretation der dunklen Romantik auf die Laufstege.

Die Vorstellung des Vampirs hat auch die Mainstream-Mode beeinflusst. Die Verwendung von dunklen Farben, dramatischen Silhouetten und gotischen Details in High-Fashion-Kollektionen zeigt, wie tief verwurzelt der Vampir in unserer kulturellen Vorstellungskraft ist. Die Ästhetik des Vampirs bietet eine Möglichkeit, sowohl Rebellion als auch Raffinesse auszudrücken, und bleibt daher ein beständiges Thema in der Modewelt.

Lifestyle:

Leben wie ein Vampir

Der Vampir hat nicht nur Musik und Mode beeinflusst, sondern auch Aspekte des modernen Lifestyles. Die Faszination für das Nachtleben und die subkulturelle Identität von Vampiren haben viele dazu inspiriert, Elemente dieser Ästhetik in ihr tägliches Leben zu integrieren. Dies zeigt sich in der Vorliebe für nächtliche Aktivitäten, die Teilnahme an gotischen Clubnächten und die Gestaltung von Wohnräumen mit dunklen, antiken Möbeln und Dekor.

Einige Menschen haben den Vampirismus sogar als Lebensstil angenommen. Diese Gemeinschaften, die sich selbst als moderne Vampire bezeichnen, folgen bestimmten Codes und Ritualen, die auf den traditionellen Vorstellungen von Vampiren basieren. Sie pflegen ein geheimnisvolles Image und leben oft in engem Kontakt mit anderen Mitgliedern ihrer Subkultur, teilen eine gemeinsame Ästhetik und manchmal sogar symbolische Blutrituale.

Der Vampir hat auch Wellness- und Schönheitspraktiken beeinflusst. Vampir-Facials, bei denen Plättchen-reiches Plasma (PRP) verwendet wird, um die Haut zu verjüngen, sind ein Beispiel dafür, wie die Vorstellung von Unsterblichkeit und jugendlicher Schönheit aus der Vampirlegende in die moderne Schönheitsindustrie Eingang gefunden hat. Diese Verfahren, die Prominente wie Kim Kardashian populär gemacht haben, zeigen, wie tief verwurzelt der Wunsch nach ewiger Jugend in der modernen Kultur ist.

Der Vampir als kulturelles Phänomen

Die anhaltende Faszination für Vampire in der Popkultur spiegelt tiefere menschliche Sehnsüchte und Ängste wider. Der Vampir symbolisiert den Wunsch nach Unsterblichkeit, die Angst vor dem Tod und die Versuchung durch das Verbotene. Er verkörpert die dunkle Seite der menschlichen Natur und bietet gleichzeitig eine Möglichkeit, diese Aspekte in einer kontrollierten, ästhetisch ansprechenden Form zu erkunden.

In der Musik finden wir die melancholische Sehnsucht und die düstere Romantik, die den Vampir so anziehend macht. Die Mode greift die Eleganz und das Geheimnisvolle auf, das den Vampir umgibt, und schafft eine visuelle Ausdrucksform für diese dunklen Fantasien. Der Lebensstil vieler Menschen, die sich von der Ästhetik und den Vorstellungen des Vampirs inspirieren lassen, zeigt, wie tief diese Figur in unser kollektives Bewusstsein eingedrungen ist.

Zusammenfassung:

Ein unsterbliches Symbol

Der Vampir in der Popkultur ist weit mehr als nur eine Schreckgestalt der Nacht. Er ist ein Symbol für unsere tiefsten Wünsche und Ängste, für den Konflikt zwischen Gut und Böse, Leben und Tod. Musik, Mode und Lifestyle haben den Vampir auf vielfältige Weise interpretiert und neu erfunden, und er bleibt eine unerschöpfliche Quelle der Inspiration. Die Faszination für diese unsterbliche Kreatur wird auch in Zukunft die Popkultur prägen und uns immer wieder daran erinnern, dass das Dunkle und das Geheimnisvolle einen festen Platz in unserer Vorstellungskraft haben.

Im nächsten Kapitel werden wir untersuchen, wie die moderne Technologie und das digitale Zeitalter den Vampirmythos weiter transformiert und welche neuen Formen und Medien diese unsterbliche Figur angenommen hat.

Psychologische und soziokulturelle Analysen - Der Vampir als Symbol für Angst, Macht und Sexualität

Der Vampir hat sich über die Jahrhunderte hinweg als vielschichtige und faszinierende Figur etabliert, die weit über ihren ursprünglichen Kontext als blutsaugendes Untotenwesen hinausgeht. In psychologischen und soziokulturellen Analysen wird der Vampir oft als ein Spiegel unserer tiefsten Ängste, Machtfantasien und sexuellen Sehnsüchte betrachtet. Dieses Kapitel beleuchtet die komplexen Symboliken des Vampirs und wie sie die menschliche Psyche und Gesellschaft reflektieren.

Angst:

Der Vampir als Verkörperung des Unheimlichen

Die Faszination für den Vampir wurzelt tief in unseren Urängsten. Der Vampir, ein Wesen zwischen Leben und Tod, verkörpert das Unheimliche, das Sigmund Freud als das Vertraute im Unvertrauten beschrieb. Diese Figur steht für die Angst vor dem Tod, aber auch für die Furcht vor dem Verlust der eigenen Identität und Kontrolle. Der Vampir übernimmt die Kontrolle über seine Opfer, indem er sie beißt und ihr Blut trinkt, was symbolisch für den Verlust der Selbstbestimmung steht.

In der viktorianischen Ära, als Bram Stokers ›Dracula‹ erschien, spiegelte der Vampir die sozialen und medizinischen Ängste dieser Zeit wider. Die Angst vor Krankheiten, die von der Unbekannten Außenwelt eingeschleppt wurden, und die Furcht vor fremden Einflüssen auf die vertraute Gesellschaft wurden durch die Figur des Vampirs kanalisiert. Diese Ängste sind universell und zeitlos, was erklärt, warum der Vampir auch heute noch eine so starke Anziehungskraft besitzt.

Macht:

Der Vampir als Symbol für Kontrolle und Dominanz

Der Vampir ist ein mächtiges Wesen, das über übermenschliche Fähigkeiten verfügt. Diese Macht spiegelt menschliche Fantasien von Kontrolle und Dominanz wider. In vielen Geschichten ist der Vampir ein charismatischer und manipulativer Charakter, der seine Opfer durch seinen Charme und seine Überredungskunst unterwirft. Diese Machtverhältnisse können als Metaphern für soziale Hierarchien und Machtstrukturen interpretiert werden.

Die Figur des Vampirs hat oft auch politische Konnotationen. In Zeiten sozialer Unruhen und Veränderungen wird der Vampir als Symbol für die herrschenden Klassen dargestellt, die das Blut der Arbeiterklasse saugen. Diese marxistische Interpretation findet sich in verschiedenen literarischen und filmischen Darstellungen, wo der Vampir als Metapher für Ausbeutung und Ungerechtigkeit fungiert.

Sexualität:

Der Vampir als Inkarnation verbotener Begierden

Vielleicht am faszinierendsten ist die Verbindung des Vampirs mit sexuellen Themen. Die Figur des Vampirs ist oft von einer erotischen Aura umgeben, die sowohl Anziehung als auch Abstoßung auslöst. Der Akt des Bluttrinkens wird in vielen Erzählungen als symbolisch für sexuelle Vereinigung dargestellt, wobei der Biss des Vampirs sowohl Lust als auch Schmerz beinhaltet. Diese Ambivalenz reflektiert tief verwurzelte menschliche Fantasien und Ängste im Zusammenhang mit Sexualität.

In viktorianischen und post-viktorianischen Erzählungen symbolisierte der Vampir oft die unterdrückte Sexualität und die verbotenen Begierden der Gesellschaft. Geschichten wie ›Carmilla‹ von Sheridan Le Fanu und ›Dracula‹ von Bram Stoker sind voller subtiler sexueller Untertöne, die die repressiven sozialen Normen ihrer Zeit in Frage stellen. In modernen Interpretationen, wie Anne Rices ›The Vampire Chronicles‹ oder der ›Twilight‹-Serie von Stephenie Meyer, bleibt die sexuelle Symbolik erhalten, wenn auch in unterschiedlicher Form. Hier wird der Vampir oft als verführerische und zugleich gefährliche Figur dargestellt, die die Grenzen zwischen Lust und Gefahr verwischt.

Der Vampir als Projektionsfläche

Der Vampir dient als Projektionsfläche für die dunkelsten Aspekte der menschlichen Natur. Er erlaubt es uns, unsere Ängste und Sehnsüchte zu externalisieren und in einer sicheren, fiktionalen Umgebung zu erforschen. In diesem Sinne erfüllt der Vampir eine kathartische Funktion, indem er uns erlaubt, uns mit unseren inneren Dämonen auseinanderzusetzen, ohne den realen Konsequenzen ins Auge zu sehen.

Die fortwährende Popularität des Vampirs in der Popkultur zeigt, dass diese Figur ein tiefes Bedürfnis nach Selbsterforschung und Reflexion stillt. Die Geschichten über Vampire sind vielfältig und vielschichtig, sie reichen von Horror und Thriller bis hin zu Romanzen und Dramen. Diese Vielfalt zeigt, wie flexibel der Vampir als Symbol ist und wie er immer wieder neue Bedeutungen und Interpretationen annehmen kann.

Zusammenfassung:

Ein Spiegel der Menschheit

Der Vampir bleibt eine faszinierende und komplexe Figur, die uns viel über unsere eigenen Ängste, Machtfantasien und sexuellen Sehnsüchte erzählt. In psychologischen und soziokulturellen Analysen wird der Vampir als ein Symbol verstanden, das uns tief in die menschliche Psyche blicken lässt. Ob als Verkörperung des Unheimlichen, als Symbol für Kontrolle und Dominanz oder als Inkarnation verbotener Begierden – der Vampir spiegelt die dunklen und oft unergründlichen Seiten der menschlichen Natur wider. Durch die Beschäftigung mit dieser Figur können wir viel über uns selbst und die Gesellschaft, in der wir leben, lernen.

Im nächsten Kapitel werden wir untersuchen, wie der Vampir im digitalen Zeitalter neu interpretiert und transformiert wird, und welche neuen Formen und Bedeutungen diese unsterbliche Figur angenommen hat.

Der Vampir im digitalen Zeitalter - Vampir-Rollenspiele, Internet-Communities und Videospiele

Mit dem Aufkommen des digitalen Zeitalters hat sich die Darstellung und Wahrnehmung des Vampirs stark verändert. Neue Medienformate und Technologien haben dazu beigetragen, den Vampirmythos weiter zu transformieren und an die Bedürfnisse einer modernen, vernetzten Gesellschaft anzupassen. In diesem Kapitel werfen wir einen Blick auf die Rolle des Vampirs in Rollenspielen, Internet-Communities und Videospielen und zeigen, wie diese Formate zur Weiterentwicklung der Vampirfigur beigetragen haben.

Vampir-Rollenspiele:

Interaktive Mythologie

Die Welt der Rollenspiele hat dem Vampir eine neue Dimension der Interaktivität eröffnet. Besonders prägend war hier das 1991 veröffentlichte Pen-and-Paper-Rollenspiel ›Vampire: The Masquerade‹ von White Wolf Publishing. In diesem Spiel tauchen die Spieler in eine komplexe Welt ein, in der sie als Vampire agieren und eine geheime Gesellschaft von Untoten erkunden. Diese Rollenspiele erlauben es den Teilnehmern, die

Mythologie des Vampirs aktiv zu gestalten und zu erleben, was die persönliche Identifikation mit der Figur verstärkt.

›Vampire: The Masquerade‹ und seine Nachfolger haben eine reiche und vielschichtige Erzählwelt geschaffen, in der moralische Dilemmata, politische Intrigen und persönliche Konflikte im Vordergrund stehen. Die Spieler müssen sich mit Fragen der Identität, Macht und Ethik auseinandersetzen, während sie durch die dunkle Welt der Vampire navigieren. Diese Form der Partizipation hat nicht nur das Interesse an der Vampirfigur erneuert, sondern auch die Art und Weise beeinflusst, wie Geschichten über Vampire erzählt werden.

Internet-Communities:

Das virtuelle Reich der Vampire

Mit dem Aufkommen des Internets haben sich neue Plattformen für die Verbreitung und Diskussion von Vampirgeschichten und -mythen entwickelt. Online-Communities, Foren und soziale Netzwerke haben es Fans ermöglicht, sich weltweit zu vernetzen und ihre Begeisterung für die vampirische Mythologie zu teilen. Diese virtuellen Treffpunkte sind zu einem wichtigen Teil der Vampirkultur geworden, da sie den Austausch von Ideen und die Zusammenarbeit an kreativen Projekten fördern.

Eine der bekanntesten Plattformen für Vampirfans ist das ›Vampire Community‹ Forum, das sich als zentraler Anlaufpunkt für Diskussionen über Vampir-Rollenspiele, Literatur,

Filme und Lifestyle etabliert hat. In diesen Communities werden nicht nur bestehende Geschichten diskutiert, sondern auch neue Erzählungen und Charaktere entwickelt. Fanfiction, Blogs und Webserien haben eine neue Generation von Vampirgeschichten hervorgebracht, die oft von den traditionellen Mythen abweichen und innovative Perspektiven bieten.

Ein weiteres bemerkenswertes Phänomen ist die ›Real Vampire‹ Community, in der sich Menschen versammeln, die sich selbst als echte Vampire betrachten. Diese Communitys bestehen aus Individuen, die behaupten, eine besondere energetische Verbindung zu haben und manchmal sogar Blut konsumieren, um sich lebendig zu fühlen. Diese Gruppen organisieren sich online und nutzen das Internet, um sich auszutauschen und ihre Erfahrungen zu teilen. Dies zeigt, wie tief die Faszination für den Vampir in die moderne Kultur eingedrungen ist und sich in vielfältigen Formen manifestiert.

Videospiele:

Der Vampir als digitaler Held

Videospiele haben dem Vampirmythos eine weitere dynamische Plattform geboten. Spiele wie ›Legacy of Kain‹, ›Castlevania‹ und ›Vampyr‹ haben die Vampirfigur in spannende und oft düstere Geschichten eingebettet, die den Spieler aktiv in die Handlung einbinden. Diese Spiele bieten nicht nur Unterhaltung, sondern auch die Möglichkeit, die komplexe Psychologie und die moralischen Dilemmata eines Vampirs zu erkunden.

›Legacy of Kain‹, eine beliebte Videospielserie, stellt den Vampir als tragischen Antihelden dar, der sich durch eine Welt voller Verrat und Dunkelheit kämpft. Die Serie zeichnet sich durch ihre tiefgründige Handlung und die vielschichtige Charakterentwicklung aus, die die Spieler in die moralischen Konflikte und die philosophischen Fragen des Daseins als Vampir einführt.

›Vampyr‹, ein Action-Rollenspiel von 2018, geht noch einen Schritt weiter, indem es den Spieler in die Rolle eines Arztes versetzt, der sich nach seiner Verwandlung in einen Vampir mit den ethischen Herausforderungen des Bluttrinkens auseinandersetzen muss. Die Entscheidungen, die der Spieler trifft, beeinflussen den Verlauf der Geschichte und spiegeln die innere Zerrissenheit des Charakters wider. Dies zeigt, wie Videospiele als interaktives Medium tiefere Einblicke in die Vampirpsychologie bieten können.

Der Vampir als digitaler Archetyp

Im digitalen Zeitalter hat sich der Vampir von einem starren Mythos zu einem flexiblen Archetyp entwickelt, der in verschiedenen Medienformen neu interpretiert und erweitert wird. Rollenspiele, Internet-Communities und Videospiele haben dazu beigetragen, die Figur des Vampirs zu einer dynamischen und interaktiven Erfahrung zu machen, die tief in die menschliche Psyche und Kultur eingreift.

Diese modernen Interpretationen des Vampirs reflektieren nicht nur die zeitlosen Themen von Macht, Angst und Sexualität, sondern passen sich auch den technologischen und sozialen Veränderungen unserer Zeit an. Der Vampir bleibt somit eine relevante und faszinierende Figur, die uns hilft, unsere eigene Identität und die Dynamiken unserer Gesellschaft besser zu verstehen.

Im nächsten Kapitel werden wir uns mit der Darstellung des Vampirs in der modernen Filmindustrie auseinandersetzen und untersuchen, wie Hollywood und andere Filmzentren den Vampirmythos in den letzten Jahrzehnten weiterentwickelt haben.

Moderne wissenschaftliche Erklärungen und Mythenbildung - Medizinische und psychologische Ansätze

Die Figur des Vampirs hat seit jeher eine starke Anziehungskraft auf die menschliche Vorstellungskraft ausgeübt, und in den letzten Jahrhunderten haben Wissenschaft und Medizin versucht, rationale Erklärungen für dieses Phänomen zu finden. In diesem Kapitel werden wir untersuchen, wie medizinische und psychologische Ansätze zur Mythenbildung des Vampirs beigetragen haben und welche Erkenntnisse sie über die menschliche Natur und ihre Ängste offenbaren.

Medizinische Erklärungen:

Von Porphyrie bis Tollwut

Einer der bekanntesten medizinischen Ansätze zur Erklärung des Vampirismus ist die Theorie, dass der Mythos auf realen Krankheiten basiert. Eine häufig diskutierte Krankheit in diesem Zusammenhang ist die Porphyrie, eine Gruppe seltener genetischer Störungen, die die Haut und das Nervensystem betreffen. Menschen mit Porphyrie sind extrem lichtempfindlich, was zu schweren Hautschäden führen kann, wenn sie Sonnenlicht ausgesetzt sind. Dies könnte erklären, warum

Vampire traditionell als nachtaktive Wesen dargestellt werden, die das Sonnenlicht meiden müssen. Zusätzlich können bestimmte Formen der Porphyrie rote oder bräunliche Zähne verursachen, was das Bild des blutsaugenden Untoten weiter verstärkt.

Eine andere Krankheit, die oft mit dem Vampirmythos in Verbindung gebracht wird, ist die Tollwut. Diese virale Infektion, die durch den Biss eines infizierten Tieres übertragen wird, kann zu aggressivem Verhalten, Hydrophobie (Angst vor Wasser) und übermäßiger Speichelproduktion führen. Diese Symptome könnten die Legenden von blutsaugenden, tollwütigen Kreaturen befeuert haben. Im 18. Jahrhundert, als Tollwut in Europa weit verbreitet war, könnten Berichte über Tollwutinfizierte das Bild des wahnsinnigen, beißenden Vampirs geformt haben.

Die medizinischen Theorien bieten interessante Perspektiven darauf, wie reale physische Zustände zur Mythenbildung beitragen können. Sie zeigen, dass der Vampir nicht nur ein Produkt der Fantasie ist, sondern auch tief in den realen Erfahrungen und Beobachtungen der Menschen verwurzelt ist.

Psychologische Ansätze:

Projektion und kollektive Angst

Neben den medizinischen Erklärungen gibt es auch psychologische Theorien, die die Entstehung des Vampirismus beleuchten. Eine zentrale psychologische Erklärung basiert auf dem Konzept der Projektion, wie es von Sigmund Freud und späteren Psychoanalytikern beschrieben wurde. Projektion ist ein Abwehrmechanismus, bei dem unerwünschte oder bedrohliche Gefühle und Wünsche auf eine externe Figur übertragen werden. Der Vampir könnte als Projektionsfläche für gesellschaftliche Ängste und individuelle Konflikte dienen.

In Zeiten sozialer Unsicherheit und Veränderung tritt der Vampir oft als Symbol für das Fremde und Bedrohliche auf. Er repräsentiert das Andere, das in die vertraute Welt eindringt und sie destabilisiert. Diese Dynamik kann besonders in Perioden sozialer Umwälzungen beobachtet werden, wie in der viktorianischen Ära, als ›Dracula‹ veröffentlicht wurde, oder in den 1980er Jahren, als Aids und andere Gesundheitskrisen die Gesellschaft erschütterten. Der Vampir verkörpert in diesen Kontexten die Angst vor dem Unbekannten und Unkontrollierbaren.

Ein weiterer wichtiger psychologischer Aspekt ist die Verbindung zwischen dem Vampir und unterdrückten sexuellen Wünschen. Der Vampir ist oft eine verführerische Figur, die sowohl Anziehung als auch Abscheu hervorruft. Diese duale Natur spiegelt die Ambivalenz wider, die viele Menschen gegenüber ihrer eigenen Sexualität empfinden. Der Biss des Vampirs, der Schmerz und Lust vereint, kann als Metapher für die Spannung zwischen Verlangen und Verbot, zwischen Lust und Schuld interpretiert werden.

Die Rolle der Massenmedien in der Mythenbildung

Die Verbreitung und Persistenz des Vampirismus in der modernen Kultur wird auch stark von den Massenmedien beeinflusst. Filme, Fernsehserien und Bücher haben die Figur des Vampirs immer wieder neu interpretiert und an die zeitgenössischen Vorstellungen und Ängste angepasst. Diese Medien dienen als Katalysatoren für die Mythenbildung, indem sie alte Geschichten in neuen Kontexten erzählen und so die Figur des Vampirs immer wieder neu beleben.

Ein Beispiel dafür ist die Darstellung des Vampirs als romantischer Held in modernen Erzählungen wie der ›Twilight‹-Serie von Stephenie Meyer. Diese Werke haben den Vampir von einem Monster in einen komplizierten, oft tragischen Liebhaber verwandelt, der mit seinem Zustand ringt und sich nach menschlicher Nähe sehnt. Diese Neuausrichtung spiegelt die veränderten gesellschaftlichen Normen und Werte wider und zeigt, wie flexibel und anpassungsfähig der Vampirmythos ist.

Zusammenfassung:

Ein ewiges Mysterium

Die modernen wissenschaftlichen Erklärungen und psychologischen Ansätze bieten faszinierende Einblicke in die Entstehung und Entwicklung des Vampirmythos. Sie zeigen, dass der Vampir weit mehr ist als ein einfacher Schrecken aus alten Geschichten. Er ist ein komplexes Symbol, das tief in unseren biologischen, psychologischen und sozialen Erfahrungen verankert ist.

Durch die Untersuchung der medizinischen Hintergründe, der psychologischen Mechanismen und der Rolle der Massenmedien wird deutlich, wie der Vampir immer wieder neu interpretiert und in verschiedenen Kontexten relevant bleibt. Der Vampir ist eine Figur, die die menschliche Vorstellungskraft seit Jahrhunderten fesselt und dies auch weiterhin tun wird, indem sie unsere tiefsten Ängste und Sehnsüchte reflektiert.

Im nächsten Kapitel werden wir uns mit den neuesten Trends und Entwicklungen in der Darstellung des Vampirs in den Medien des 21. Jahrhunderts beschäftigen und untersuchen, wie neue Technologien und Erzählformen den Vampirmythos in die Zukunft tragen.

Die Zukunft des Vampirmythos - Prognosen und mögliche Entwicklungen

Der Vampir hat über Jahrhunderte hinweg seine Gestalt und Bedeutung verändert und ist dennoch stets ein fester Bestandteil der Popkultur geblieben. Während wir uns dem 21. Jahrhundert und darüber hinaus nähern, stellt sich die Frage, wie sich der Vampirmythos weiterentwickeln wird. Welche neuen Formen wird er annehmen, und wie wird er die Kultur der Zukunft prägen? In diesem Kapitel werden wir Prognosen und mögliche Entwicklungen untersuchen, die den Vampir im digitalen Zeitalter und darüber hinaus erwarten könnten.

Technologische Fortschritte und virtuelle Welten

Mit der rasanten Entwicklung von Technologie und virtuellen Realitäten eröffnet sich ein neues Spielfeld für den Vampirmythos. Augmented Reality (AR) und Virtual Reality (VR) bieten immersive Erlebnisse, die die Grenze zwischen Realität und Fiktion verwischen. In diesen virtuellen Welten könnte der Vampir in noch nie dagewesener Weise zum Leben erweckt werden. Vorstellbar sind interaktive Spiele und Erzählungen, bei denen die Nutzer selbst in die Rolle eines Vampirs schlüpfen oder gegen diese Kreaturen kämpfen müssen. Diese Technologien ermöglichen es, die Sinnenwahrnehmung der Nutzer so zu manipulieren, dass das Erlebnis noch realistischer und beängstigender wird.

Künstliche Intelligenz (KI) könnte ebenfalls eine Rolle spielen, indem sie dynamische und intelligente vampirische Charaktere schafft, die sich an das Verhalten und die Entscheidungen der Nutzer anpassen. Diese digitalen Vampire könnten einzigartige Geschichten und Herausforderungen bieten, die sich ständig weiterentwickeln und auf die individuellen Vorlieben der Nutzer eingehen. Dies würde eine neue Ebene der Interaktivität und Personalisierung schaffen, die den Vampirmythos auf spannende Weise revitalisiert.

Der Vampir als Spiegel der Gesellschaft

Wie schon in der Vergangenheit wird der Vampir auch in Zukunft als Spiegel gesellschaftlicher Ängste und Wünsche fungieren. In einer zunehmend globalisierten und vernetzten Welt könnten neue Formen des Vampirismus entstehen, die Themen wie Überwachung, Datenschutz und die Angst vor dem Verlust der persönlichen Freiheit aufgreifen. Der Vampir könnte zu einem Symbol für die Bedrohung durch allumfassende Kontrolle und die Ausbeutung persönlicher Daten werden.

Gleichzeitig könnte der Vampir auch als Metapher für die Umweltkrise und den Raubbau an natürlichen Ressourcen dienen. In einer Welt, in der die Grenzen zwischen Mensch und Maschine, Natur und Technologie immer mehr verschwimmen, könnte der Vampir als Verkörperung des Hybriden und des Transhumanen erscheinen. Diese neuen Interpretationen würden den Vampirmythos um zeitgenössische Themen erweitern und ihm weiterhin Relevanz verleihen.

Diversität und Inklusion

Ein weiterer wichtiger Trend in der Zukunft des Vampirmythos ist die zunehmende Diversität und Inklusion in der Darstellung von Vampiren. Während der Vampir lange Zeit in erster Linie als weißer, männlicher Aristokrat dargestellt wurde, öffnen sich die Geschichten zunehmend für vielfältigere Perspektiven. In einer globalisierten Kultur werden wir wahrscheinlich mehr Vampirgeschichten sehen, die unterschiedliche ethnische Hintergründe, Geschlechteridentitäten und sexuelle Orientierungen einbeziehen.

Diese Entwicklung wird nicht nur die Repräsentation in der Popkultur verbessern, sondern auch die erzählerischen Möglichkeiten erweitern. Unterschiedliche kulturelle Mythen und Legenden können in die Vampirerzählungen integriert werden, was zu reicheren und vielfältigeren Geschichten führt. Diese neuen Erzählungen könnten tiefere Einblicke in die menschliche Erfahrung bieten und zeigen, wie der Vampirmythos in verschiedenen Kulturen und Kontexten interpretiert wird.

Die Fortsetzung der Romantisierung

Obwohl der Vampir oft mit Schrecken und Grauen assoziiert wird, hat die Romantisierung des Vampirs in der modernen Kultur einen festen Platz gefunden und wird voraussichtlich auch in Zukunft eine bedeutende Rolle spielen. Der Vampir als romantischer Held, wie er in Werken wie ›Twilight‹ oder ›The Vampire Diaries‹ dargestellt wird, spricht weiterhin viele Menschen an, insbesondere jüngere Zielgruppen. Diese romantisierten Vampire verkörpern oft die Sehnsucht nach Unsterblichkeit, ewiger Jugend und leidenschaftlicher Liebe, was zeitlose Themen sind, die auch in der Zukunft relevant bleiben werden.

Es ist wahrscheinlich, dass zukünftige Geschichten diese romantischen Aspekte weiterentwickeln und vertiefen werden, indem sie neue Dimensionen der vampirischen Existenz erforschen. Dies könnte die Beziehung zwischen Vampiren und Menschen komplexer und nuancierter gestalten und Themen wie Akzeptanz, Integration und das Streben nach einem Gleichgewicht zwischen dem menschlichen und dem vampirischen Dasein behandeln.

Zusammenfassung:

Ein zeitloser Mythos

Der Vampir hat sich im Laufe der Geschichte immer wieder neu erfunden und wird dies auch in Zukunft tun. Die technologischen Fortschritte, gesellschaftlichen Veränderungen und die zunehmende Vielfalt in der Popkultur bieten unzählige Möglichkeiten für neue Interpretationen und Entwicklungen des Vampirmythos. Ob als Symbol für gesellschaftliche Ängste, als romantischer Held oder als Spiegel technologischer und kultureller Trends – der Vampir wird weiterhin eine faszinierende und relevante Figur bleiben.

Die Zukunft des Vampirmythos verspricht, ebenso dynamisch und anpassungsfähig zu sein wie seine Vergangenheit. Indem er sich ständig weiterentwickelt und an neue Kontexte anpasst, wird der Vampir weiterhin die menschliche Vorstellungskraft fesseln und inspirieren. In den kommenden Jahren und Jahrzehnten werden wir Zeuge sein, wie dieser zeitlose Mythos neue Formen annimmt und uns immer wieder aufs Neue in seinen Bann zieht.

Über den Autor

Lutz Spilker wurde im Jahre 1955 in Duisburg geboren.

Bevor er zum Schreiben von Romanen und Dokumentationen fand, verließen bisher unzählige Kurzgeschichten, Kolumnen und Versdichtungen seine Feder.

In seinen Büchern befasst er sich vorrangig mit dem menschlichen Bewusstsein und der damit verbundenen Wahrnehmung. Seine Grenzen sind nicht die, welche mit der Endlichkeit des Denkens, des Handelns und des Lebens begrenzt werden, sondern jene, die der empirischen Denkform noch nicht unterliegen.

Es sind die Möglichkeiten des Machbaren, die Dinge, welche sich allein in der Vorstellung eines jeden Menschen darstellen und aufgrund der Flüchtigkeit des Geistes unbewiesen bleiben. Die Erkenntnis besitzt ihre Gültigkeit lediglich bis zur Erlangung einer neuen und die passiert zu jeder weiteren Sekunde.

Die Welt von Lutz Spilker beginnt dort, wo zu Beginn allen Seins nichts Fassbares war, als leerer Raum. Kein Vorne, kein Hinten, kein Oben und kein Unten. Kein Glaube, kein Wissen, keine Moral, keine Gesetze und keine Grenzen. Nichts.

In Lutz Spilkers Romanen passieren heimtückische Morde ebenso wie die Zauber eines Märchens. Seine Bücher sind oftmals Thriller, Krimi, Abenteuer, Science Fiction, Fantasy und selbst Love-Story in einem.

»Ich liebe die Sprache: Sie vermag zu streicheln, zu liebkosen und zu Tränen zu rühren. Doch sie kann ebenso stachelig sein, wie der Dorn einer Rose und mit nur einem Hieb zerschmettern.«

In dieser Reihe sind bisher erschienen

Die Erfindung der Langeweile
Die Erfindung des Menschen
Die Erfindung des Geldes
Die Erfindung des Teufels
Die Erfindung des Erfolgs
Die Erfindung der Sterblichkeit
Die Erfindung der Lüge
Die Erfindung der Freiheit
Die Erfindung des Todes
Die Erfindung der Welt
Die Erfindung des Inselmenschen
Die Erfindung der Zeit
Die Erfindung der Seele
Die Erfindung der Politik
Die Erfindung des Gewissens
Die Erfindung der Religion
Die Erfindung der Schuld
Die Erfindung der Gerechtigkeit
Die Erfindung des Friedens
Die Erfindung des Selbstgesprächs
Die Erfindung der Zukunft
Die Erfindung der Pornographie
Die Erfindung der Verschwendung
Die Erfindung des Erwachsenseins
Die Erfindung der Hölle
Die Erfindung der Überbevölkerung
Die Erfindung des Himmels
Die Erfindung der Monarchie
Die Erfindung der Unterhaltung
Die Erfindung der Sprache
Die Erfindung der Musik

Die Erfindung der Wiedergeburt
Die Erfindung des Zufalls
Die Erfindung der Namen
Die Erfindung des Bewusstseins
Die Erfindung des freien Willens
Die Erfindung des Wahrsagens
Die Erfindung der Körpersprache
Die Erfindung des Schlafs
Die Erfindung der Sklaverei
Die Erfindung der Angst
Die Erfindung der Vernunft
Die Erfindung des Vollmonds
Die Erfindung des Vitamin B
Die Erfindung des Make-Up
Die Erfindung des Weihnachtsfestes
Die Erfindung des Ku-Klux-Klan
Die Erfindung des Träumens
Die Erfindung der Flaschenpost
Die Erfindung der Mafia
Die Erfindung der Freimaurer
Die Erfindung der Freibeuter
Die Erfindung der Raumfahrt
Die Erfindung der Tempelritter
Die Erfindung des ADHS-Syndroms
Die Erfindung der Homöopathie
Die Erfindung der Freizeitparks
Die Erfindung des Werwolfs
Die Erfindung des Astralkörpers
Die Erfindung des Zölibats
Die Erfindung des Herkules
Die Erfindung des Vampirs